*»Es lebe durch des Höchsten Gnade
der König, der uns schützen kann.
So schlägt er mit der Wachtparade
noch einmal achtzigtausend Mann.«*

So jubelten große Teile des Volkes nicht nur in Preußen, sondern in Deutschland und in vielen Ländern der Welt nach Friedrichs Sieg über die Österreicher bei Leuthen am 5. Dezember 1757. Die ihn schon am Boden gesehen hatten, atmeten auf, seine Gegner rauften sich die Haare. »Ist dieser Mann denn gar nicht totzukriegen?«
Er war es nicht...

Genehmigte Lizenzausgabe für Edition DÖRFLER im
NEBEL VERLAG GmbH, Eggolsheim

1 2 3 4 5 7 6 5 4 3

INHALT

VORWORT ZU EINER SCHLACHT

In schwerer Zeit geschrieben... Als Martin Rinckart diese Verse im Sturm des Dreißigjährigen Krieges zu Papier brachte, konnte er nicht ahnen, daß sie 100 Jahre später eine besondere Bedeutung erlangen würden.

In schwerer Zeit gesungen... Heute erscheint es uns unvorstellbar, daß Soldaten nach einer blutigen Schlacht, die sie ja selbst verschont hat, ein christliches Lied anstimmen; vermutlich ist später der »Choral von Leuthen« nie wieder inniger, dankender und gläubiger gesungen worden. Es heißt in den Geist der Zeit eindringen, um verstehen zu lernen, weshalb Soldaten, - das waren damals ja Söldner -, spontan nach einer Schlacht zu singen beginnen. War es Dankbarkeit, mit dem Leben davongekommen zu sein? Sollte dem König und Feldherrn, der sie geführt hatte, gehuldigt werden? Oder war es, was nach meiner Meinung am nächsten liegt, ganz einfach die Mentalität der preußischen Menschen? Schließlich war dies eine Armee, die zum großen Teil aus Landeskindern bestand, echte Preußen also, die wußten, worum es am 5. Dezember 1757 ging.

Kriegsteilnehmer von Retzow schildert den Ausklang dieses Tages:
»...Dieser Marsch geschah in einer Stille, die nur das Bewustseyn, diesen großen blutigen Tag überlebt zu haben, dem Nachdenken einflößen konnte; plötzlich aber unterbrach solche ein Grenadier, indem er das bekannte Lied »Nun danket alle Gott« anstimmte. Wie aus einem tiefen Schlaf erwacht, fühlte sich jetzt jeder zum Dank gegen die Vorsicht für seine Erhaltung hingerissen, und mehr als 25.000 Menschen sangen diesen Choral einstimmig bis zum Ende. Die Dunkelheit der Nacht, die Stille derselben und das Grausende eines Schlachtfeldes, wo man fast bei jedem Schritt auf eine Leiche stieß, gaben dieser Handlung eine Feierlichkeit, die sich besser empfinden ließ, als sie beschrieben werden kann...«

Keine Verherrlichung von Kriegen und Schlachten - aber »große Geschichte in die Gegenwart zurückholen«: das ist der Anspruch dieses Buches. Keine Schlacht des 18. Jahrhunderts hat von damals bis heute die Gemüter mehr beschäftigt als »Leuthen«, das jetzt polnisch ist und Lutynia heißt. Dort sind noch Spuren der schlesisch-österreichisch-preußisch-deutschen Vergangenheit zu sehen.

Dieses Buch wird an das historische Geschehen und an die Menschen erinnern, welche damals in eine Schlacht gegangen sind, die auch heute noch, fast 250 Jahre danach, eine bewegende und erstaunliche Ausstrahlung hat.

Eifrige Historiker pflegen nach Parallelen in der Geschichte zu suchen. Es gibt sie:
»Keine Anstrengung konnte ihn körperlich erschöpfen oder ihn in seiner innerlichen Haltung bezwingen. Hitze und Kälte ertrug er gleichermaßen. Das Maß von Essen und Trinken bestimmte bei ihm das natürliche Bedürfnis, nicht der sinnliche Genuß. Die Zeiten des Wachseins und des Schlafens waren weder durch den Tag noch durch die Nacht geschieden. Nur so viel Zeit war dem Ausruhen gegönnt, als von seiner dienstlichen Tätigkeit nicht beansprucht wurde. Und dieser Ruhe gab er sich nicht auf einem weichen Lager hin, noch benötigte er für sie Stille. Viele erblickten ihn oft, nur mit einem Soldatenmantel bedeckt, auf dem Boden zwischen den Posten und Feldwachen liegend.«

Hier schreibt nicht etwa ein Kriegsgenosse Friedrichs, sondern ein viel älterer Geschichtsschreiber: der Römer Titus Livius über Hannibal! Wir ahnen es bereits - bei dem großen Karthager ist Friedrich in bester Gesellschaft...

Münster, im Herbst 1996 Walther Rohdich

»So ein König soll noch kommen,
der im Frieden und im Feld
uns wie Kinder aufgenommen
und es mit Soldaten hält...«

DIE GESAMTLAGE ENDE 1757

Als die hier zu schildernden Ereignisse stattfanden, stand der Dritte Schlesische Krieg, der bald der »Siebenjährige« heißen sollte, im zweiten Jahr. Und just in diesem Jahr hatte Friedrich ihn erfolgreich beenden wollen, getreu seiner Devise:
»Preußens Kriege müssen kurz und vif sein!«
Aber er war von Feinden umgeben: Österreich, Frankreich, Rußland, Schweden, Sachsen und - das Reich. Sie alle wollten ihm an den Wickel, seinen Staat verkleinern, Geraubtes rauben, lang Begehrtes einsacken, Preußen auf die Mark Brandenburg reduzieren: Österreich wollte Schlesien zurück, Rußland gedachte sich durch die Einverleibung Ostpreußens nach Westen hin abzurunden. Welche Ziele noch bestanden, war kaum bekannt. Es ging folglich um die nackte Existenz Preußens.

Nachdem Friedrich 1756 den ihm unvermeidbar erscheinenden Krieg begonnen hatte, war er wie in den beiden vorigen Schlesischen Kriegen von Sieg zu Sieg geeilt: Pirna, Lobositz, Prag. Seine Armee schien tatsächlich unschlagbar zu sein. Aber dann kam der schwarze Tag, die erste komplette Niederlage in der Schlacht von Kolin. Ein Nimbus ging dahin. Die Belagerung von Prag mußte aufgegeben werden und im Verlauf des Jahres 1757 ging Schlesien an die Österreicher verloren. Zugleich trat das »Heilige Römische Reich Deutscher Nation«, über das nicht nur Friedrich spottete, gegen ihn in den Krieg und rüstete mit Hilfe Frankreichs die Reichsarmee zum Zangenangriff vom Westen her. Die österreichische Armee, nicht die flotteste Europas, ließ Friedrich Zeit, diese Reichsarmee bei Roßbach in Thüringen Anfang November vernichtend zu schlagen und auseinander zu treiben - dieses Zerstreuen der Soldaten in alle Winde war stets wichtig, wollte man ein wenig Luft bekommen.

Aber in Schlesien brannte es! Und so beginnt unsere Geschichte der Schlacht von Leuthen, indem Friedrich in Eilmärschen heranrückt...

EIN TESTAMENT

Am 28. November 1757 befindet sich Friedrich der Große in Parchwitz. Dort, wenige Tage vor der erwarteten und angestrebten Auseinandersetzung mit der österreichischen Armee unter Karl von Lothringen, schreibt er eigenhändig und in französischer Sprache ein Testament, die »Disposition, was geschehen soll, wenn ich getötet werde«.

»Ich habe meinen Generalen Befehl für alles gegeben, was nach der Schlacht im Fall des glücklichen oder unglücklichen Ausgangs geschehen soll. Im übrigen will ich, was meine Person betrifft, in Sanssouci beigesetzt werden, ohne Prunk, ohne Pomp und bei Nacht. Man soll meinen Körper nicht öffnen, sondern mich ohne Umstände dorthin bringen und mich bei Nacht beerdigen. Was die Geschäfte anlangt, so muß sofort an alle Kommandeure Befehl ergehen, die Truppen auf meinen Bruder zu vereidigen. Wird die Schlacht gewonnen, muß mein Bruder nichtsdestoweniger jemand mit der Notifikation und zugleich mit der Vollmacht zu Friedensverhandlungen nach Frankreich senden. Das Testament (er meint das vom 11. Januar 1752) soll geöffnet werden. Ich entbinde meinen Bruder von der Auszahlung aller Legate in barem Geld, weil der traurige Zustand seiner Angelegenheiten ihn an ihrer Erfüllung hindert. Ich empfehle ihm meine Flügeladjutanten, besonders Wobersnow, Krusemarck, Oppen und Lentulus. Dies soll als Testament im Feld gelten.«

FRIEDRICH

Diese Maßnahme eines Königs war dann durchaus üblich, wenn er gleichzeitig Feldherr und damit Schlachtteilnehmer war. Und Friedrich kannte sich. Er scheute nicht davor zurück, neben den Soldaten in vorderster Linie zu stehen. Der im Testament erwähnte Wobersnow schrieb denn auch am Tag nach der Schlacht in Lissa:
»Der König ist beständig im größten Feuer gewesen; es war nicht möglich, ihn zurückzuhalten, ob ich mir zwar alle ersinnliche Mühe gegeben.«

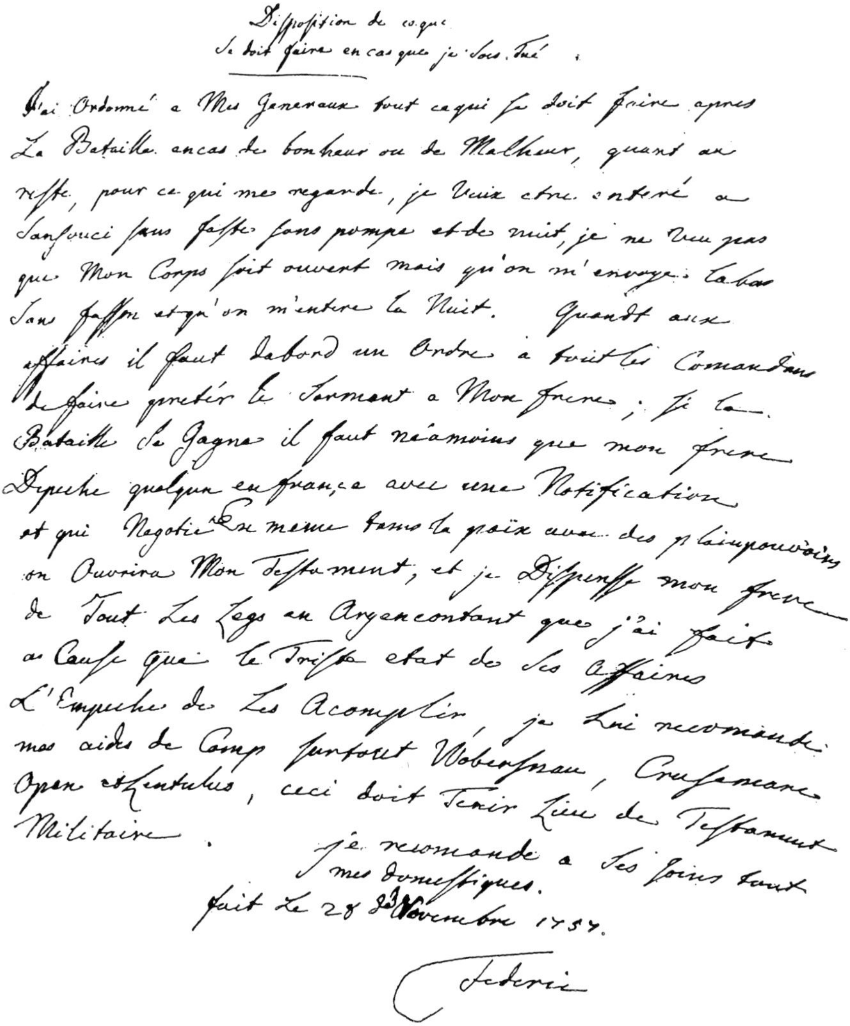
Disposition de ce qui
se doit faire en cas que je sois tué.

J'ai Ordonné a Mes Generaux tout ce qui se doit faire apres
La Bataille en cas de bonheur ou de Malheur, quant au
reste, pour ce qui me regarde, je Veux etre enterré a
Sansouci sans faste sans pompe et de nuit, je ne veu pas
que Mon Corps soit ouvert mais qu'on m'envoye La bas
sans fasson et qu'on m'entere la Nuit. Quandt aux
affaires il faut Dabord un Ordre a toutes les Comandans
de faire pretér le Serment a Mon frere; si la
Bataille se Gagne il faut néamoins que mon frere
Depeche quelqun en france avec une Notification
et qui Negotie En meme temps la paix avec des plainpouvoirs
on Ouvrira Mon Testament, et je Dispensse mon frere
de Tout Les Legs en Argen contant que j'ai fait
a Cause que le Triste etat de ses Affaires
L'Empeche de Les Acomplir, je Lui recomande
mes aids de Camp surtout Wobersnau, Crusemarc
Oppen et Hentulus, ceci doit Tenir Lieu de Testament
Militaire.
je recomande a ses soins tout
mes domestiques.
fait Le 28 de Novembre 1757.

Federic

Eigenhändig geschriebenes Testament des Königs vom 28. November 1757, wenige Tage vor der Schlacht von Leuthen.

Die kommende Schlacht wäre nicht die erste, in der Friedrich sich in Lebensgefahr begibt. Doch machte er dieses Testament nicht in einem jener Fälle der Niedergeschlagenheit, die ihn so oft heimsuchte. An seinen Bruder Prinz Heinrich schreibt er in diesen Tagen:

»All diese Unglücksfälle (er meint jene vom Oktober mit dem Verlust der Festung Schweidnitz und vom November mit der Niederlage bei Breslau) haben mich nicht niedergeschlagen. Ich marschiere meinen geraden Weg vorwärts nach dem Plan, den ich mir gemacht habe. Wenn es dem Himmel gefällt, wird alles wieder gutgemacht werden, aber freilich nur mit großer Mühe.«

Und an Feldmarschall Keith:
»Was meine Lage in diesem Land angeht, so werden Sie leicht erkennen, daß sie im höchsten Grad schwierig und bedenklich sein muß durch die unglücklichen und zum Teil plumpen Fehlgriffe, welche sich einige meiner Generale vor meiner Ankunft haben zuschulden kommen lassen. Ich gebe mich indes der Hoffnung hin, mit Gottes Hilfe alles wieder gut zu machen, obwohl mein Tagewerk ein Feldzug ist, reich an Schwierigkeiten, Mühen und Zufällen, deren aller ich jedoch Meister zu werden hoffe.«

DIE BEIDEN ARMEEN

Die beiden Armeen, die sich nun anschickten, aufeinander zu prallen, waren von der Mannschaftsstärke so unterschiedlich, daß vom rein fachlichem Standpunkt gesehen, der Sieger feststand: 35.000 Preußen gegen 65.000 Österreicher. Friedrich hatte sich bis zuletzt in der Stärke der Österreicher verschätzt, da er glaubte, sie hätten in den letzten Gefechten höhere Verluste gehabt. Rein rechnerisch geurteilt stand es also schlecht um Friedrichs letztes Aufgebot. Vor allem in der Zahl der Infanterie-Bataillone war er dem Gegner eindeutig unterlegen: 47 1/2 Preußenbataillone gegen 85 der Österreicher! Zu diesen kommen noch drei Bataillone Kroaten. Doch alle Welt weiß seit dem Ersten Schlesischen Krieg, wie hoch die preußische Infanterie einzuschätzen ist. Denn seit dieser Zeit läuft ein Lied über sie um:

Fortsetzung S. 13

Ordre de Bataille

der Österreichischen Hauptarmee in der Schlacht bei Leuthen am 5ten Dezember 1757

Prinz Karl von Lothringen.

F. M. Graf Leopold Daun.

Avantgarden.

- G. M. v. Luszinsky.
  - Husaren
  - Kroaten
  - Kroaten
  - Husaren
- G. L. Graf Nostitz.
  - F. M. L. Baron Morocz.
    - Prinz Karl Chevauleg.
    - Graf Brühl Chevauleg.
    - Prinz Albrecht Chevauleg.
    - Kroaten
    - Nádasdy Hus.
    - Dessewffy Hus.

(Erstes Treffen)

- G. d. K. Graf Serbelloni.
  - F. M. L. Baron Buccow.
    - G. M. Fürst Löwenstein.
      - Hessen-Darmstadt Drag.
      - Erzherzog Ferdinand Kür.
    - v. Hedwiger.
      - Kalkreuth Kür.
  - Prinz Hohenzollern.
    - Graf Stampach.
      - Gelbau Kür.
    - Graf Gucciardi.
      - Anspach-Bayreuth Kür.
- F. Z. M. Graf Colloredo.
  - Graf Puebla.
    - Marquis d'Ayasse.
      - Erzherzog Karl
      - Hildburghausen
      - Moltke
  - Graf d'Arberg.
    - Graf Lacy.
      - Kheul
      - Thürheim
    - Graf Browne.
      - Nic. Esterházy
  - Baron Angern.
    - Marquis Los Rios.
      - Jos. Esterházy
      - Alt-Wolfenbüttel
- F. Z. M. Baron Kheul.
  - Graf Macquire.
    - Baron Unruhe.
      - Arenberg
      - Puebla
      - Leopold Daun
  - Baron Andlau.
    - Baron Reichlin.
      - Botta
      - Neipperg
      - Kaiser
- G. d. K. Graf Lucchese.
  - Baron Wöllwarth.
    - Graf Podstatzky.
      - Löwenstein Kür.
    - Baron Kolbel.
      - Stampach Kür.
  - Marquis de Spada.
    - Graf Aspremont.
      - Lucchese Kür.
    - Marquis de Ville.
      - Erzherzog Leopold Kür.
      - Erzherzog Joseph Drag.

(Zweites Treffen)

- G. d. K. Graf Stampach.
  - F. M. L. Graf Kolowrat.
    - G. M. Fürst Lobkowitz.
      - Kolowrat Drag.
      - Birkenfeld Kür.
  - Ludwig Graf Starhemberg.
    - Graf Martigny du Pan.
      - Schmerling Kür.
    - Graf O'Donell.
      - O'Donell Kür.
- Graf Wied.
  - Baron O'Kelly.
    - Harrach
    - Ludwig Wolfenbüttel
  - Baron Preysach.
    - Gaisruck
    - Baden-Baden
- Baron Haller.
  - Baron Rouh.
    - Harsch
    - Bethlen
    - Browne
  - Graf Kinsky.
    - Roth-Würzburg
    - Deutschmeister
- Winulf Graf Starhemberg.
  - v. Butler.
    - Baden-Durlach
    - Kolowrat
  - Baron Wulffen.
    - Pallavicini
    - Wallis
    - Waldeck
    - Karl Lothringen.
- G. d. K. Fürst Esterházy.
  - Graf Trauttmansdorff.
    - Baron Berlichingen.
      - Anhalt-Zerbst Kür.
    - Graf Pellegrini.
      - Serbelloni Kür.
  - Graf Benedikt Daun.
    - Graf Argenteau.
      - Württemberg Drag.
    - Graf Lanthieri.
      - Benedikt Daun Drag.

Korps des G. d. K. Graf Nádasdy.

- F. M. L. Graf O'Donell.
  - G. M. Baron Elcen.
    - Sachsen-Gotha Drag.
    - Jung-Modena Drag.
- v. Spiznaß.
  - v. Romann.
    - III. Gren. Bat. (Altenburg)
    - II. Gren. Bat. (Georg)
    - I. Gren. Bat. (Pleß)
  - Zovnay
  - v. Roeder.
    - Leib-Regt.
    - Prinz Louis
    - Roeder
    - Truchseß
- Graf Forgách.
  - v. Wolffersdorff.
    - Joh. Pálffy
    - Adam Batthyányi
    - Forgách
    - Clerici
    - Luzan
  - v. Arenberg.
    - Macquire
    - Haller
    - Leop. Pálffy
    - Heinrich Daun
- Graf O'Donell.
  - Marquis Castiglione.
    - Zweibrücken Drag.
    - Batthyányi Drag.
- G. F. W. Graf Seyssel d'Aix.
  - G. M. Frhr. v. Pechmann.
    - II. Rinucci
    - I. Rinucci
    - II. Morawitzky
    - I. Morawitzky
    - II. Leib-Regt.
    - I. Leib-Regt.
    - II. Herzog Clemens
    - I. Herzog Clemens
    - II. Kurprinz-Preysing
    - I. Kurprinz-Preysing

Reservekorps.

- F. M. L. Herzog von Arenberg.
  - G. M. Baron Plonquet.
    - Ligne
    - Sachsen-Gotha
  - v. Wolff.
    - Königsegg
  - Adam Batthyányi
    - Jos. Kios
  - G. M. Baron Otterwolf.
    - Mercy
    - Andlau
  - Prinz Stolberg
    - Haller
    - d'Arberg

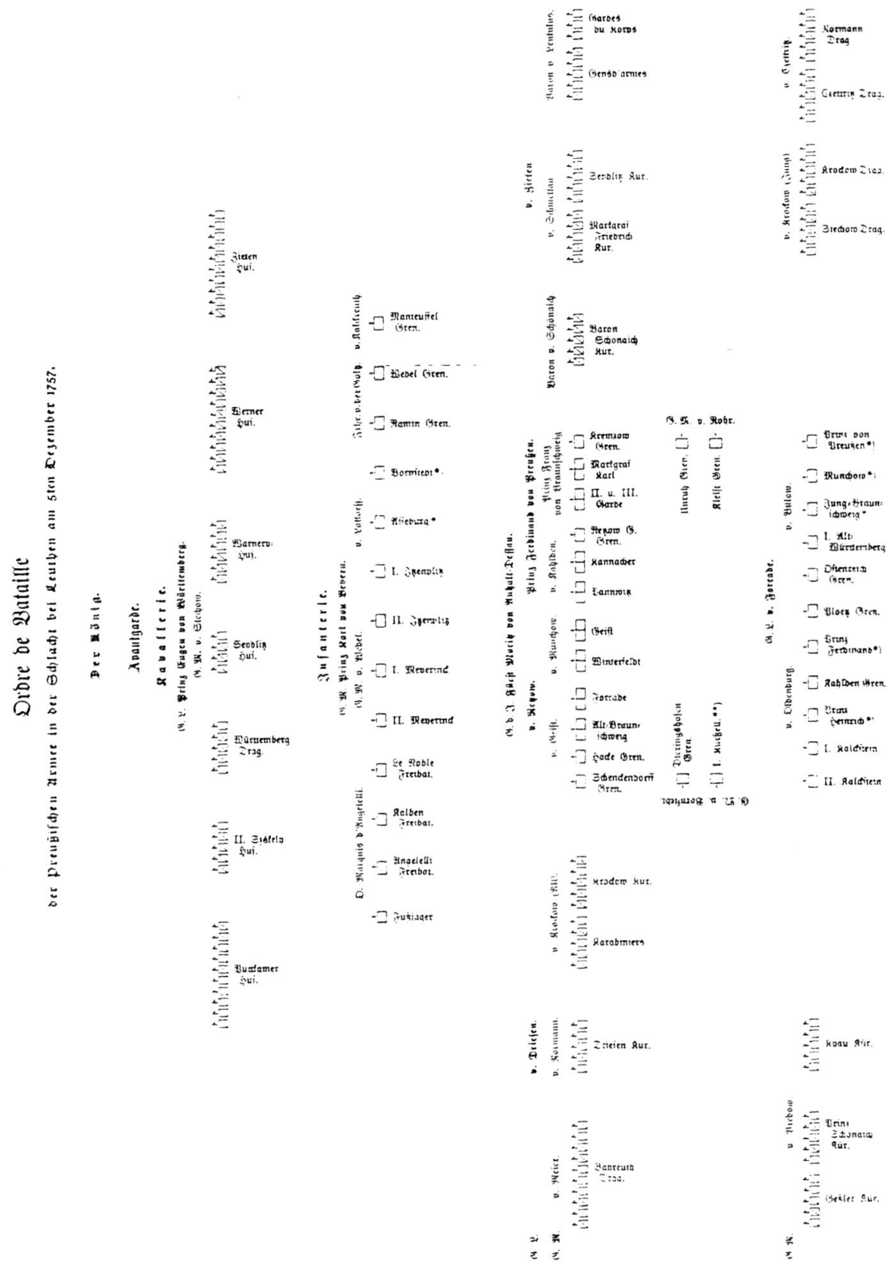

Was bedeutete »Ordre de Bataille« im 18. Jahrhundert?
Sie bezeichnete Gliederung und Aufstellung der Armee zur Schlacht. Der Feldherr legte in ihr seine Absichten fest, die geplante Kampfführung und die Einteilung der eingesetzten Truppen. Meist war hierzu ja Zeit genug, da sich eine Schlacht tagelang »anzubahnen« pflegte.

Österreichische Armee

Stärke.

Avantgarden:	— Bat.	12 Esk.	3 Bat. Kroaten	4 Hus. Regtr.	
1. Treffen:	25 "	51 "			
2. Treffen:	19 "	41 "			
Reservekorps:	8 "	— "			
Korps Nádasdy:	33 "	21 "	Leichte Truppen nicht bekannt.		
zusammen:	**85 Bat.**	**125 Esk.**	**3 Bat. Kroaten**	**4 Hus. Regtr.**	
	mit etwa 170 Bat. Gesch. und 65 schweren Kanonen.				

Preußische Armee

Stärke.

Infanterie und Kavallerie.			**Artillerie.**		
Avantgarde:	12½ Bat.	50 Esk.	10	12℔ige Festgs. Gesch. (Brummer)	
Erstes Treffen:	20 "	48 "	39	12 " Feldgeschütze	
Flanken:	4 "	— "	14	24 " "	
Zweites Treffen:	11 "	35 "	8	Haubitzen	
			7	Mörser	
zusammen:	**47½ Bat.**	**133 Esk.**	**78**	**schwere und 94 Bataillonsgeschütze**	

Bei den Österreichern bestand das Infanteriebataillon aus 700 Mann, davon 16 Offiziere und 45 Unteroffiziere. Eine Eskadron zählte 150 Mann, eine Artillerie-Kompanie cirka 95 Mann.

Bei den Preußen bestand das Infanteriebataillon aus 660 Mann, davon 21 Offiziere und 50 Unteroffiziere. Eine Eskadron zählte 120 Mann.

»Als ging durch alle Glieder
der Front ein eisern Niet,
tritt sie vernichtend nieder
in Staub, was nicht entflieht,
der Schrecken fegt die Bahnen,
wo sie im Heerschritt naht...«

Preußische Ausbildung, gerne Drill genannt, trägt nun ihre Früchte, und in der Schlacht wird sich zeigen, daß niemand den Bataillonssalven dieser Soldaten standzuhalten vermag.

Bei der Kavallerie stehen beide Armeen ungefähr gleich: 133 preußische Schwadronen haben gegen 125 österreichische anzutreten, die von vier Regimentern Husaren unterstützt werden. In den beiden ersten Schlesischen Kriegen ist die preußische Kavallerie der österreichischen unterlegen gewesen, jetzt jedoch hat sich dies geändert, und die Preußen haben die besseren Reiterführer.

Bei den sogenannten Bataillonsgeschützen sind die Österreicher in gefährlicher Weise überlegen: 170 gegen 94, während bei der schweren Artillerie die Preußen einige mehr haben, 78 gegen 65. Und sie haben Zwölfpfünder dabei, von den Soldaten »Brummer« genannt, und die preußische Artillerie hat den früheren Vorsprung der Österreicher wettgemacht. Sie wird in dieser Schlacht unter den österreichischen Infanteristen fürchterlich wüten...

Der ungewöhnliche Vorschlag, die schweren Geschütze mit den angreifenden Truppen vorgehen zu lassen, stammt vom General von Retzow:
»Friedrich stutzte über diesen wirklich kolossalen Gedanken und hielt ihn fast für unausführbar, weil bis jetzt noch kein Beispiel auszuweisen war, daß dergleichen schwerfällige Maschinen zugleich mit der avancierenden Linie fortgeschafft und gebraucht worden wären; da ihm indessen äußerst daran gelegen war, sich mit allem Erforderlichen zu versehen, um wo möglich den Sieg zu erzwingen, so willigte er in den Vorschlag...«

Ganz anderer Meinung - auf der Gegenseite - war General Lucchese. Im Kriegsrat kurz vor der Schlacht argumentierte er:
»...Nach zwei verlorenen Schlachten sey der Muth der Preußen gesunken, das österreichische Geschütz dem ihrigen merklich überlegen, der Soldat voller Feuer, und man dürfte sich nur zeigen, so sey der Sieg und die Zerstreuung der Feinde eben so gewiß, als daß man die Winterquartiere bis an die brandenburgischen Gränzen ausdehnen, ja selbst Berlin zittern machen werde...«

Schlachtordnung der österreichischen Armee am 4. December 1757.

Regimenter.	Bataillone.	Eskadronen.
Erstes Treffen.		
Erzherzog Joseph Dragoner	—	6
„ Leopold Kürassiere	—	6
Luchesi „	—	6
Stampach „	—	6
Löwenstein „	—	6
Kaiser	2	—
Neiperg	2	—
Botta	2	—
Leopold Daun	2	—
Puebla	2	—
Aremberg	1	—
Alt-Wolfenbüttel	2	—
Joseph Esterhazy	2	—
Nicol. Esterhazy	2	—
Thierheim	1	—
Keuhl	2	—
Molk	1	—
Hildburghausen	2	—
Erzherzog Karl	2	—
Anspach Dragoner	—	6
Giulay	—	6
Kalkreuth	—	6
Erzherzog Ferdinand Dragoner	—	6
Darmstadt	—	6
	25	60

Regimenter.	Bataillone.	Eskadronen.
Zweites Treffen.		
Benedict Daun Dragoner	—	6
Würtemberg	—	6
Serbelloni	—	6
Anhalt-Zerbst	—	6
Karl von Lothringen	1	—
Waldeck	1	—
Wallis	1	—
Pallavicini	1	—
Kollowrath	2	—
Durlach	1	—
Deutschmeister	1	—
Würtzburg	1	—
Browne	1	—
Bethlem	1	—
Harsch	2	—
Baden-Baden	1	—
Gaisrugg	1	—
Ludwig Wolfenbüttel	2	—
Harrach	2	—
Odonell Kürassiere	—	6
Schmertzing	—	6
Birkenfeld	—	6
Kollowrath Dragoner	—	6
	19	48

Regimenter.	Bataillone.	Eskadronen.
Reserve.		
Los Rios	1	—
Königsegg	1	—
Sachsen-Gotha	1	—
Arberg	1	—
Haller	1	—
Andlau	1	—
Mercy	1	—
Ligne	1	—
	8	—

Regimenter.	Bataillone.	Eskadronen.
Korps des Generals der Kavallerie Grafen Nadasdy.		
Bathiany Dragoner	—	6
Zweybrücken Kürassiere	—	6
Heinrich Daun	2	—
Leopold Palfi	1	—
Haller	1	—
Maquire	1	—
Johann Palfi	1	—
Alt-Bathiany	1	—
Forgatsch	1	—
Clerici	1	—
Spitznas	2	—
Morawitzky	2	—
Minuzzi	2	—
Jung Preysing	2	—
Prinz Clemens	2	—
Kurfürst	1	—
Leib-Regiment	2	—
Truchses	2	—
Rödern	2	—
Prinz Ludwig	2	—
Würtembergsche Grenadiere	3	—
Luzani	1	—
Jung Modena Dragoner	—	6
Sachsen Gotha	—	6
Prinz Albert Chevauxlegers	—	4
Brühl	—	4
Prinz Karl	—	4
	32	36

Recapitulation.

Erstes Treffen	25 Bat.	60 Esk.
Zweites Treffen	19 „	48 „
Reserve	8 „	— „
Korps von Nadasdy	32 „	36 „
Summa	84 Bat.	144 Esk.

ohne die Grenadier- und Karabinier-Kompagnien u. ohne die leichten Truppen.

Schlachtordnung der preußischen Armee am 3. December 1757.

General-Lieutenants.	General-Majors.	Truppentheile.	Bataillone.	Eskadronen.
		Avantgarde.		
	Kalkreuth.	Manteuffel Grenadiere	1	—
	Goltze.	Wedell „	1	—
		Heyden (Ramin) „	1	—
	Prinz Karl v. Bevern.	Bornstedt Musketiere	1	—
		Asseburg „	1	—
	Lattorf.	Itzenplitz „	2	—
	Wedell.	Meyerinck „	2	—
			9	—
		Erstes Treffen.		
		General der Infanterie Fürst Moritz von Dessau.		
Zieten.	Lentulus.	Garde du Corps	—	3
		Gensd'armen	—	5
	Schmettau.	Seydlitz Kürassiere	—	5
		Markgr. Friedrich „	—	5
	Schönaich.	Schönaich „	—	5
	Rohr.	Unruh } Gren. (in der rechten Flanke)	1	—
		Kleist }	1	—
Prinz Ferdinand v. Preußen.	Prinz Franz von Braunschweig.	Kremzow Grenadiere	1	—
		Markgr. Karl Musketiere	2	—
		Garde „	2	—
	Kahlden.	Retzow „	1	—
		Kannacker „	2	—
		Pannewitz „	2	—
Retzow.	Münchow.	Geist „	2	—
		Winterfeld „	2	—
	Geist.	Forcade „	2	—
		Alt-Braunschweig „	2	—
		Hake Grenadiere	1	—
		Schenkendorf „	1	—
	Bornstedt.	Diringshofen „ } (in der linken Flanke)	1	—
		Kurssel „ }	1	—
Driesen.	A. Krockow.	Alt-Krockow Kürassiere	—	5
		Karabiniers	—	5
	Normann.	Driesen	—	5
	Meyer.	Bayreuth Dragoner	—	10
			24	48

General-Lieutenants.	General-Majors.	Truppentheile.	Bataillone.	Eskadronen.
		Zweites Treffen.		
		Generallieutenant Forcade.		
Forcade.	Czettritz.	Normann Dragoner	—	5
		Czettritz „	—	5
	J. Krockow.	Jung-Krockow „	—	5
		Stechow „	—	5
	Rohr.	Pr. v. Preußen Musketiere	1	—
		Münchow „	1	—
	Bülow.	J. Braunschweig „	1	—
		Würtemberg „	1	—
		Oesterreich Grenadiere	1	—
		Plötz „	1	—
		Prinz Ferdinand „	1	—
	Oldenburg.	Kahlden „	1	—
		Burgsdorf „	1	—
		Prinz Heinrich Musketiere	1	—
		Kalkstein „	2	—
	Bredow.	Kyau Kürassiere	—	5
		Prinz Schönaich „	—	5
		Gesler „	—	5
			12	35
		Reserve.		
Prinz von Würtemberg.	Stechow.	Zieten Husaren	—	10
		Werner „	—	10
		Würtemberg Dragoner	—	5
	Angenelli.	le Noble Freibataillon	1	—
		Kalben	1	—
		Angenelli	1	—
		Fußjäger	½	—
	Stechow.	Seydlitz Husaren	—	5
		Székely „	—	5
		Puttkammer „	—	10
			3½	45

Rekapitulation.

Grenadiere	15 Bat.		21,000 M. Infant.
Musketiere	30 „		11,000 Reiter.
Leichte Infanterie	3½ „		32,000 Mann mit
Kürassiere	— —	53 Esk.	167 Geschützen verschiedenen Kalibers.
Dragoner	— —	35 „	
Husaren	— —	40 „	
Im Ganzen	48½ Bat.	128 Esk.	

DIE ARMEE UND IHRE WAFFEN IM 18. JAHRHUNDERT

Die Fundamente der Armeen der Zeit sind Infanterie und Kavallerie. Die Artillerie ist jedoch stärker im Kommen, weil sie immer wirkungsvoller eingesetzt und nicht nur als Belagerungsgeschütz genutzt wird. In punkto Artillerie ist Preußen bei Beginn des Siebenjährigen Krieges den Österreichern deutlich unterlegen, was sich in verschiedenen Schlachten auswirken wird. Sonst ist Friedrichs Armee 1756 die beste der Welt, was eindeutig sein Verdienst ist.

Die Bewaffnung der Infanterie besteht aus einem Vorderladergewehr, mit dem der Soldat, je nach Übung, zwei bis vier Schuß in der Minute abgeben kann. Hier sind die Preußen ihren Gegnern dank intensiveren Exerzierens weit voraus, was schlachtentscheidend werden wird. Zum Laden des Gewehrs wird ein Ladestock benutzt, der bei den Preußen eisern, bei anderen Heeren noch hölzern ist. Das aufgepflanzte Bajonett hat bei den Preußen eher größere Bedeutung erlangt als bei den Österreichern.

Die Hauptwaffe der Kavallerie ist der Pallasch, ein schwerer Säbel, mit dem vom Pferd aus auf andere Reiter und die Infanterie eingeschlagen wird. Zur Zeit des Siebenjährigen Krieges führt jeder preußische Reiter noch ein Gewehr und eine Pistole bei sich, damit er abgesessen in den Infanteriekampf eingreifen konnte. Während der Attacke darf die preußische Kavallerie, im Gegensatz zu den Österreichern und Franzosen, keine Pistolensalven abgeben; zu Recht argumentiert Friedrich, daß Treffer dann Glücksache sein werden.

Die Artillerie der Zeit verfügt über Geschütze wie leichte Feldkanonen bis zum Belagerungsgeschütz schwersten Kalibers, mit dem die Festungen und verschanzten Stellungen sturmreif geschossen werden sollen. Die leichte Feldkanone kann immerhin sechsmal in der Minute feuern, was einen Angreifer erheblich in Schwierigkeiten bringen kann. Um sich gegen Angriffe wehren zu können, -jede Seite setzt alles daran, die gegnerische Artillerie so schnell wie möglich auszuschalten -, ist jeder Kanonier mit einem leichten Säbel bewaffnet. Die Zugpferde werden während der Schlacht im Hintergrund in Sicherheit gebracht.

»Wozu ist die Straße da - zum Marschieren...«

Das war schon in allen Jahrtausenden der Kriege so, nur daß Straßen damals holprige Trassen, Pfade, Knüppeldämme und bodenlose Schlamm- oder Sandpisten waren, kaum zu exaktem Marsch geeignet. Da marschieren sie nun, die 30.000 oder 50.000 Mann einer Armee, und alles in allem ist dieser Heerwurm zehn und mehr Kilometer lang. Denn den parallel marschierenden Kolonnen der Infanterie folgen die von schweren Pferden gezogenen Kanonen, Munitions-und Versorgungswagen, die Feldbäckerei, die Feldapotheke. Die meisten Wagen sind vier- oder sechspännig und das Kolonnenfahren erfordert höchste Aufmerksamkeit, damit es keine Stockungen gibt. Es folgen technische Einheiten wie Pioniere mit Pontons für den Bau von Brücken. Bei sommerlicher Trockenheit in eine riesige Staubwolke gehüllt, marschiert eine solche Armee auch querfeldein, da die Wege nicht ausreichen, schon von der Breite her nicht. Sie wird außerdem von der leichten Kavallerie umschwärmt, die aufzuklären und vor Überfällen zu schützen hat. Leichte feindliche Einheiten, die natürlich keine Schlacht anstreben, versuchen zu stören und Beute aus dem Troß zu machen: die Kriegskasse und Feldbäckerei zum Beispiel. Denn Brot ist die Grundnahrung des Soldaten. Er führt auf diesem Marsch mit sich: das Gewehr mit 50 oder 60 Schuß Munition, den Tornister, einen Sack mit vielleicht zehn Pfund Brot, Wolldecken, Feldflasche und Kochgeschirr, Hacke, Beil und Spaten. Manchmal werden diese Sachen auch auf Wagen mitgeführt. Im großen und ganzen ist jede Armee daran interessiert, die Äcker und Weiden der Bauern nicht zu ruinieren -schließlich ist es der Landwirt, der den Bauch der Armee füllt.

Das Hauptquartier einer solchen Armee befindet sich nachts und bei Ruhepausen im nächsten Dorf, auf einem Gutshof oder in einem Schloß in der Nähe. Dort brütet der Feldherr mit seinem Stab die Pläne für die weiteren Aktionen aus, werden die folgenden Marschrouten bestimmt und der Nachschub organisiert. Immer unterwegs sind Kundschafter und Spione, Boten und Kuriere. Wir können uns heute immer wieder wundern, wie meistens wohlinformiert über die Bewegungen des Gegners damalige Schlachtenlenker waren. Zu jeder Armee gehörten auch andere Einrichtungen, von denen hier nur genannt werden: Schmiede, Pferdeknechte, alle Arten Handwerker, ein Feldpostamt, Feldprediger (bei den Preußen für alle vorhandenen Konfessionen), Feldschere und Barbiere. Zuletzt seien noch die Musikanten erwähnt, die auch in die Schlacht ziehen müssen, und zwar vorneweg, um den Tritt zu schlagen, aber wenn die Kugeln pfeifen, scheren sie am liebsten aus und marschieren nach hinten. Offizier von Prittwitz von Nr. 7 hat hierüber berichtet:

»Bis zu dem Eingange des Dorfes hatten uns unsere Hautboisten mit ihren besonderen Instrumenten begleitet, nun aber verließen sie uns und begaben sich in Sicherheit. Überhaupt kommen mir diese Art Menschen in ihrem Verhalten bei einer Schlacht wie die ab- und zuziehenden Schwalben vor, die im Herbst bei angehender rauher Witterung verschwinden und im Frühjahr wohlbehalten wieder erscheinen.«

Bei Prag und Kolin hatte Friedrich seine Treffen, ohne daß diese ihren Vormarsch mit Salven unterbrechen durften, gegen den Feind geschickt, was zu unnötig hohen Verlusten geführt hatte. Unter dem Eindruck dieser falschen Taktik schrieb ihm General von Winterfeldt rechtzeitig vor weiteren Schlachten: »Mit dem geschulterten Gewehr und ohne zu schießen kommen wir nicht durch, denn unsere Leute verlassen sich numehro gar zu sehr auf ihre sechzig Patronen. Bataillonssalven kann man sie also sicher tun lassen, sobald nur der Feind zu erreichen. Wir bringen dadurch den Feind in Konfusion und unsere Leute, die sich auf Schießen verlassen, und damit beschäftigt sein, desto eher heran.«

Schon im 16. Jahrhundert soll es »Kartätsch-Feuer« gegeben haben, doch kommt der Name Kartätsche erst im 17. Jahrhundert auf. Sie ist sozusagen der Verläufer des Schrapnells: Die Kanoniere luden ihre Geschütze nicht mit Kugeln, wenn sie in die Infanterie oder Kavallerie feuern wollten, sondern mit Nägeln, gehacktem Blei und Eisenstücken. Diese Methode konnte in dichtgedrängten Massen ungeheure Wirkung haben.

Kriegführen, Soldatsein, andere ins Jenseits befördern, sich selber am Überleben erfreuen, fürs eigene Land einstehen - dies alles schließt Frömmigkeit, Gläubigkeit und Humor nicht aus. So marschieren sie denn dahin, diese Soldaten des 18. Jahrhunderts, mit Chorälen, geistig erbaulichen und lustig-fatalistischen Liedern und Melodien auf den Lippen...

»Nun adjö, Luise, wisch ab das Gesicht,
eine jede Kugel trifft ja nicht.
Denn träf jede Kugel apart ihren Mann,
wo kriegten die Könige die Soldaten dann!

Die Musketenkugel macht ein kleines Loch,
die Kanonenkugel ein größ'res doch;
die Kugeln sind alle von Eisen und Blei
und manche geht bei manchem vorbei.«

Über die Feuergeschwindigkeit der Infanteristen sind seit Jahrzehnten drastische Übertreibungen in Umlauf. Besonders den preußischen Grenadieren wird eine Schußfolge nachgesagt, die ins Reich der Fabeln zu verweisen ist: sechs Schuß in der Minute! Diese Übertreibungen mögen ihren Ursprung aus Schußleistungen im Manöver haben, wo nicht scharf geschossen wird und es fixe Grenadiere zu

sechs Ladevorgängen in der Minute gebracht haben mögen. In einer Schrift zur »Taktischen Schulung« heißt es hierzu:
»Man vergegenwärtige sich nur die große Anzahl der einzelnen Verrichtungen, die beim damaligen Laden notwendig waren, nämlich: Gewehr an die rechte Seite, Hahn in Ruhrast bringen, Patrone ergreifen, abreißen, Pulver auf die Pfanne schütten, Pfanne schließen, Gewehr nach der linken Seite herumwerfen, ohne Pulver aus der offenen Patrone zu verschütten, Patrone in den Lauf bringen und das Pulver rein ausschütten, Ladestock herausziehen, verkürzt anfassen, in den Lauf stecken, zweimal stark hinunterstoßen, Ladestock an den Ort und das Gewehr in die Höhe, das heißt vor die Mitte des Leibes bringen, um je nach dem nun folgenden Kommando anzuschlagen oder zu schultern, falls nicht sofort gefeuert werden sollte. Daß dies alles, einschließlich des Feuerns nicht fünfmal in der Minute möglich war, wird alsdann sofort klar.«

Ein »Manual« aus dem Jahr 1754 beschreibt die Bedienung von Geschützen folgendermaßen:
»Die Feuertätigkeit erfordert vier Mann, einer so auswischet und ansetzet, einer der die Kartusche einsetzet, einer der die Schlagröhr einsetzet, einer so abfeuert.«
Vier weitere Leute dienten zum Ziehen, denn in der Schlacht blieben die Pferde zurück, und als Reservemannschaften. Die Kommandos, die der Wischer abzugeben hatte, hießen:
»Gebt Achtung! - Macht Euch fertig und ladet! - Feuer!«
Zwei Bataillonsgeschütze schossen auf der Stelle vier- bis fünfmal und beim Vorrücken zwei- bis dreimal in der Minute.
Im Prinzip hatte Friedrich etwas gegen die schweren Geschütze, zum Beispiel die »Brummer« von 29 Zentner Gewicht, einzuwenden, da sie die Beweglichkeit der Fußtruppen erheblich einschränkten, wenn sie mitgeführt werden sollten. Aber er schrieb:
»Sie sind etwas schwierig fortzubringen, dagegen aber schießen sie auf 5.400 Schritt und mit Kartätschen auf 1.000 Schritt.«
In einer seiner »Dispositionen« bestimmt Friedrich:
»Am Anfang der Bataille sollen die Canonen, so auf den Flügeln stehen, stets auf die feindliche Cavallerie feuern, insonderheit mit den Cartätschen von neun Kugeln; sobald aber unsere Cavallerie die feindliche attaquiret, so muß alles Geschütz auf die Infanterie des Feindes gerichtet und unablässig darauf gefeuert werden. Sollte es wider Vermuten der feindlichen Cavallerie glücken, einen Flügel der Armee in Unordnung zu bringen, so soll sie heftig mit Cartätschen beschossen werden.«

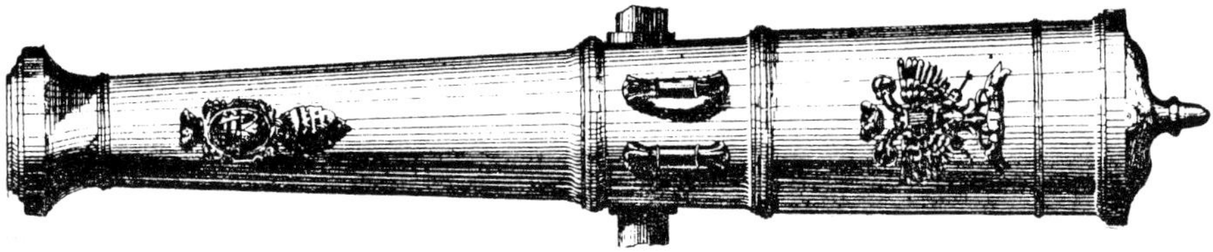

Österreichisches 24-Pfünder Batteriestück von 1756

Preußischer 12-Pfünder

Preußisches 24-pfündiges Feldgeschütz, das sich bei Leuthen bewährte.

Preußischer Dreipfünder, ein sogenanntes Regimentsstück. Die Geschützbedienung bestand aus acht Mann, das Geschütz wurde von Pferden gezogen.

Preußisches 12-pfündiges Feldgeschütz. Hiervon gingen kurz vor Leuthen in Breslau viele Stücke verloren.

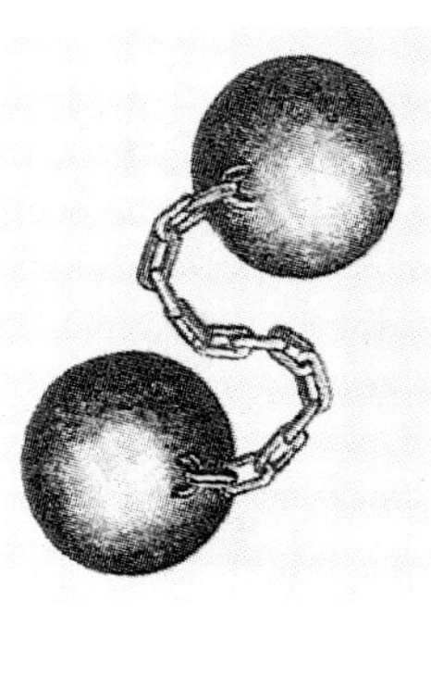

Kettenkugeln. Wenn sie in die geschlossenen Reihen der Infanteristen und der Kavallerie flogen, rissen sie große Lücken.

Papierpatrone, die Pulverladung und Kugel enthält.

Patronentasche

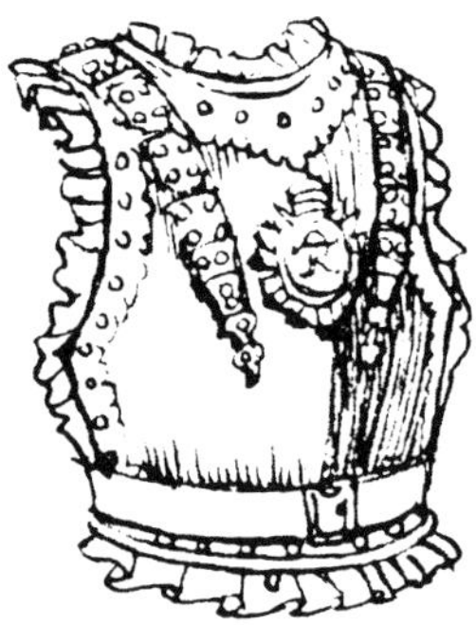

Kürass für schwere Reiter

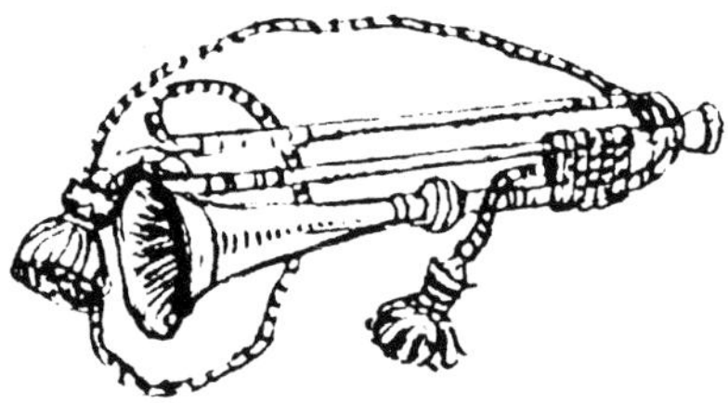

Kürassier-Trompete

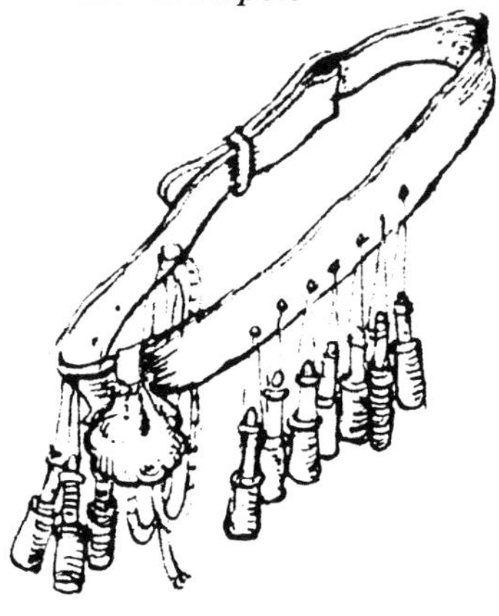

Bandelier mit Lademaßen für Pulver

Helm der Grenadiere

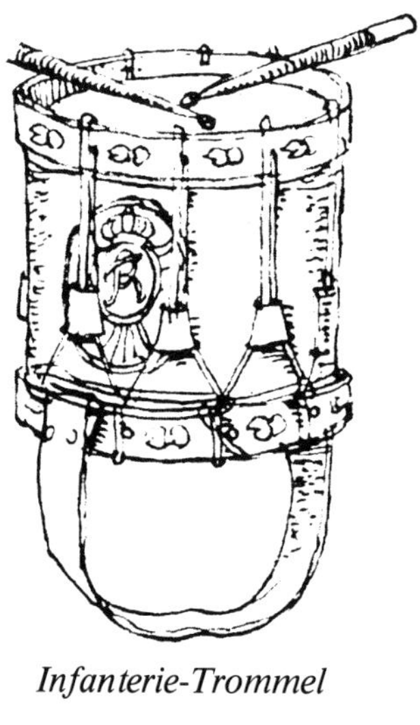

Infanterie-Trommel

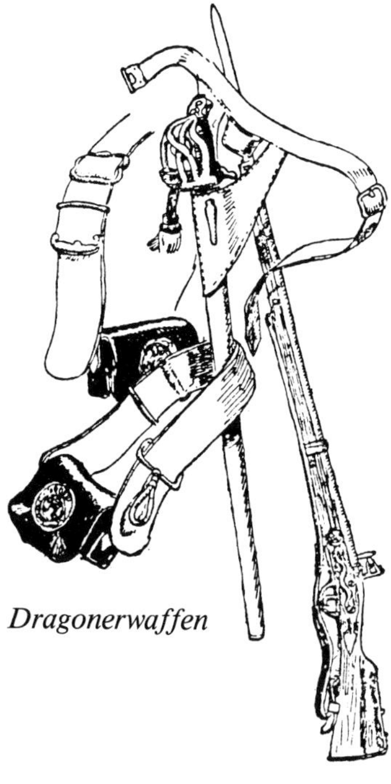

Dragonerwaffen

DIE SCHLACHT IM 18. JAHRHUNDERT

Wie man sich damals »an die Köpfe kriegte« ist für uns Heutige schwer vorstellbar, obwohl wir es von Abbildungen kennen sollten und die Spielfilme es uns vorzuführen versucht haben. Aber beinahe noch bis in unser Jahrhundert hinein ist gefochten worden wie auf den Feldern von Leuthen: Als die Russen 1914 in Ostpreußen einfielen, bildeten sich noch nicht die geschlossenen Fronten wie im Westen und die Heere manövrierten solange, bis die Schlacht unvermeidlich geworden war.

So machten's vor mehr als zweitausend Jahren schon die alten Römer und andere, danach die Heere der Völkerwanderung und des Dreißigjährigen Krieges, der bei Leuthen gerade 109 Jahre zurücklag. Stets ging es bei dieser klassischen Kriegshandlung darum, den Gegner auszutricksen und vor allem den Vorteil des Geländes für sich auszunutzen. Man bedenke die Schwerfälligkeit, mit der sich Tausende von Menschen mitsamt Nachschub, Troß, Tieren und Verpflegung durch Landschaften wie Täler, Berge, Flüsse und Moore und durch Dörfer und Städte bewegen mußten. Die Armeen des Siebenjährigen Krieges unterhielten 50.000 und mehr Pferde, die wie die Soldaten verpflegt und gepflegt werden mußten, sollten sie die ungeheuren Strapazen der Märsche aushalten.

Hatten sich zwei Armeen auf ein, zwei Tagemärsche angenähert, worüber sie meist durch ihre Spione, Späher und Aufklärer wohlinformiert waren, dann war meist das »Treffen«, die Schlacht also, unvermeidlich. Natürlich, noch hätten sie voneinander lassen können, aber Sichdrücken und Feigheit galten als unverzeihlich. So nahm der defensiv Eingestellte gewöhnlich seine Schlachtaufstellung ein, natürlich strategisch so gut wie möglich, gesichert und dem Gelände angepaßt, damit er nicht überrascht, gar von hinten überrumpelt werden konnte. Diese Art des Kampfes haben die Österreicher im Siebenjährigen Krieg perfektioniert. Wie es bei Leuthen kommt, werden wir sehen...

Hat der Gegner diese Aufstellung nicht verhindert und will er die Schlacht, muß er angreifen. Das war vor der Erfindung der Feuerwaffen kein großes Risiko, da ja beide Seiten dem Handgemenge zuzustreben pflegten. Aber nun die Kanonen und Gewehre! Ehe man in den Nahkampf überging, spuckten sie Blei und Eisen in die Reihen der Angreifer wie Verteidiger. Zwar war die Feuerkraft nach heutigen Begriffen gering, aber sie »verbesserte« sich ja von Jahrhundert zu Jahrhundert. Aus der Schlacht von Zorndorf liegt ein Augenzeugenbericht vor, nach

dem eine Kanonenkugel, die in die Reihen der russischen Grenadiere schlug, 42 von ihnen tötete.
In den meisten Schlachten des 18. Jahrhunderts ging der Angreifer in geschlossener Marschformation auf den Verteidiger los, nachdem eine vorbereitende Kanonade stattgefunden hatte. In zwei Linien, den sogenannten Treffen, in der Mitte die Infanterie, an den Flügeln die Kavallerie. Die Leichte Infanterie und Husaren schwärmten im Umfeld der Schlacht, versuchten Gefangene und Beute beim gegnerischen Troß zu machen. Nach der Eröffnung der Schlacht durch die Artillerie geht die Kavallerie auf den Flügeln vor, dann setzt sich die Infanterie in Bewegung, angeführt und in Marschtritt gehalten durch die Feldmusik. Ist sie auf etwa 150 Meter an die Verteidiger herangekommen, - oder sind sich beide Seiten durch gleichzeitiges Vorgehen so nahe gekommen -, beginnt das Feuern aus den Gewehren. Hierzu müssen die Soldaten stehenbleiben, um das umständliche Laden der Vorderlader zu bewerkstelligen. Durch diesen Wechsel schießt meist nur ein Achtel der Mannschaft. Man bedenke, dies alles geschieht »auf Gegenseitigkeit« und solange die Gegner nicht zu nahe gekommen sind auch unter dem Feuer der Geschütze. Die Offiziere, die ohne Gewehr vorgehen, achten auf das Halten der Linie. Schließlich stoßen die Gegner aufeinander und das Handgemenge beginnt: Es gilt, soviele wie möglich mit dem Bajonett abzustechen und entweder die Verteidiger vom Platz zu werfen oder die Linien zu durchbrechen und Unordnung und Auflösung herbeizuführen. In das Getümmel des Infanteriekampfes stößt die Reiterei in heftigen Attacken, wobei die Reiter von oben mit dem Säbel auf den Gegner einhauen. Die Kavallerie hat aber auch Umfassungen und Umzingelungen zu versuchen und Angriffe auf die Geschützstellungen auszuführen. Bleiben Verbände in Reserve, dann werden sie zur Verfolgung des geschlagenen Gegners benutzt. Denn Hauptziel der Schlacht ist ja, neben der Beibringung möglichst großer Verluste und der Einbringung vieler Gefangener, die feindliche Armee in alle Winde zu zerstreuen. Gelingt dies, wird es Monate dauern, bis eine neue aufgestellt werden kann. In dieser Zeit hat der Sieger die Möglichkeit freien Operierens, was für den Verlauf des Krieges bedeutend sein kann.

Wer siegt in derartigen Schlachten? Immer die Übermacht? Stets die Mutigsten? Gewiß nicht. Wir wissen aus den Geschehnissen vor zweitausend Jahren, wie wenig die »Barbarenvölker« gegen die römischen Legionäre ausrichten konnten, in offener Feldschlacht wurden sie regelmäßig geschlagen. Das ewig alte und im 18. Jahrhundert doch wieder neue Prinzip von Disziplin und Ausbildung, auch Drill genannt, war in Brandenburg-Preußen seit dem großen Kurfürsten Friedrich Wilhelm erneut zu Ehren gekommen und von seinen Nachfolgern zum unbedingten Muß erhoben worden. Große Nationen mit ihren starken Armeen mochten sich eine gewisse Lässigkeit leisten - Friedrich konnte es nicht, als er sich zur Eröffnung des Krieges entschloß.

Noch einmal ein Appell an unsere Phantasie: Eine in fester Ordnung und unter eindeutigen Befehlen vorgehende Armee, die zudem dank ihrer besseren Ausbildung mindestens doppelt so schnell schießt wie der Gegner und sich nicht scheut, das Bajonett nicht nur zur Abwehr der Kavallerie, sondern auch zum Töten des gegnerischen Soldaten zu verwenden - diese Armee kann auch dann siegen, wenn sie eindeutig in der Unterzahl ist. (Von Friedrichs Führungsqualitäten soll später die Rede sein.) Und noch etwas: Die bessere Ausbildung der Preußen hatte auch ihre grössere Beweglichkeit zur Folge. Auf jeden Fall spürten Europas Militärs, daß seit 1740 ein anderer Schlachtenwind wehte und daß es mit dem »gemütlichen« Hin- und Herziehen der Armeen nach österreichischer Art vorbei war...

Ausnahmen bestätigen Regeln. Statt sich frontal zu attackieren, versuchte man sich natürlich auch seitwärts und hinterrücks zu kommen, besonders für Unterlegene wurde dies zur Existenzfrage. So entwickelte sich das System der »Schiefen Schlachtordnung«, von dem hier die Rede sein wird, den stärkeren und gut postierten Gegner mit geballter Kraft am Flügel angreifen und seine gesamte Front von der Seite her aufzurollen versuchen. Die Länge einer damaligen Schlachtaufstellung, von Flügel zu Flügel, konnte gut vier, sechs oder acht Kilometer betragen, so daß die Verschiebung von Kräften zum Brennpunkt der Schlacht unmöglich sein konnte, zumindest zu spät wirksam werden würde, wenn - ja, wenn die Absicht des Gegners nicht früh genug erkannt wurde.

»Frischen Wind« in das Schlachtgeschehen damaliger Zeit brachten die Preußen: Sie marschierten mehr und schneller, schossen rascher und präziser, da sie konsequenter gedrillt wurden, gehorchten »braver« und wurden meist besser geführt - einen Schritt voraus sein genügte oft zum Gewinn der Schlacht...

Preußische Handwaffen. Von links nach rechts: Offiziersponton, Kurzgewehr, Pike und Kurzgewehr.

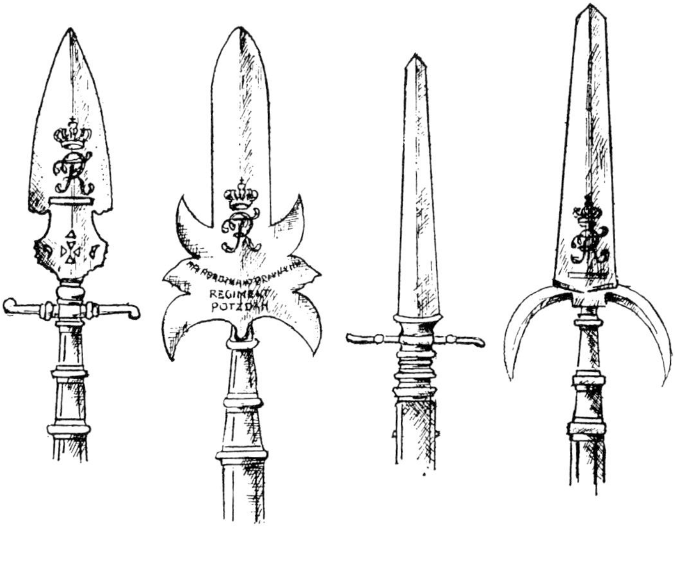

DIE FELDHERREN UND GENERALE DER SCHLACHT

»Ranghöchster« Feldherr ist natürlich Friedrich selbst. Ihm hat niemand zu befehlen, er braucht nicht rückzufragen. Bereits 1741, bei Mollwitz, hat er seine erste Schlacht geschlagen. Seitdem, zwischen dem Zweiten Schlesischen und dem Siebenjährigen Krieg, hat er eifrig Militärgeschichte, Schlachten und Strategie studiert und hierüber Werke verfaßt. In seinen »Generalprinzipien des Krieges« von 1748 schreibt er in dem Kapitel »Wie man den Feind bei ungleichen Kräften schlagen kann«:

»...Schwache Armeen müssen bergige und durchschnittene Gegenden aufsuchen; denn dort ist jedes Gelände beschränkt und die größere Zahl nützt dem Feind nichts, wenn er mit ihr nicht überflügeln kann... Meine erste Regel gilt also der Wahl des Geländes und die zweite dem Schlachtplan selbst. Bei solchen Gelegenheiten kann man meine schräge Schlachtordnung mit Erfolg anwenden. Man versagt dem Feind einen Flügel und verstärkt den anderen, der zum Angriff bestimmt ist. Dieser greift einen Flügel des Feindes mit aller Kraft an, und zwar in der Flanke. Eine Armee von 100.000 Mann kann, in der Flanke gefaßt, von 30.000 Mann geschlagen werden; denn die Schlacht wird dann rasch entschieden. Siehe den Plan. Hier führt mein rechter Flügel den Hauptstoß aus...«

Fortsetzung S. 35

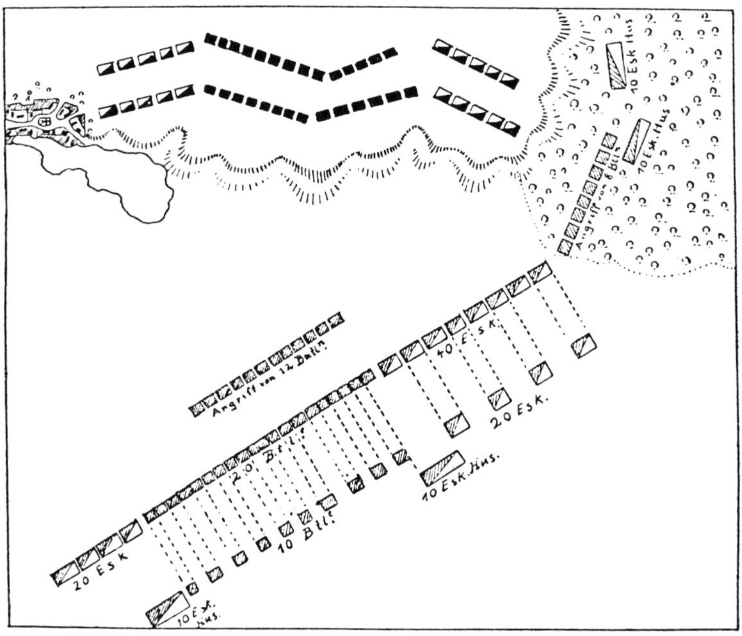

Moritz Fürst zu Anhalt-Dessau, der auf dem Schlachtfeld von Friedrich zum Feldmarschall befördert wurde.

Generalleutnant Friedrich Eugen Prinz von Württemberg. Holzschnitt von Menzel.

Generalleutnant Hans Joachim von Zieten hatte großen Anteil am Sieg und führte die Verfolgung. Pastell von Cunningham.

Generalleutnant Georg Wilhelm von Driesen.

Generalmajor Karl Heinrich von Wedell, der sich in der Avantgarde besonders auszeichnete. Bleistiftzeichnung von Menzel.

Prinz Karl von Lothringen war der Oberbefehlshaber der Kaiserlichen Armee in der Schlacht von Leuthen.

Leopold Graf Daun hatte in der Schlacht von Leuthen nur beratende Funktion.

Franz Graf von Nadasdy
Stich von Joh. Gottf. Haid

Johann Baptist Graf von Serbelloni
Zeichnung von J. E. Nilson

Friedrich träumt davon, diese für ihn ideale Situation einmal herbeiführen zu können. Im übrigen ist er erst einmal geschlagen worden...

Von den preußischen Generalen, die an der Leuthener Schlacht teilnehmen, wird nur Hans Joachim von Zieten wirklich bekannt und populär werden. Er hat eine typisch preußische Karriere hinter sich: Geboren am 18. Mai 1699, 1720 Fähnrich, 1726 Leutnant, 1731 Rittmeister, 1736 Major, 1741 Oberst, 1744 Generalmajor und 1756 bei Ausbruch des Krieges Generalleutnant. Er ist nicht der selbständige und draufgängerische Heerführer, als den die spätere Geschichte ihn hinstellte, aber tüchtig, einsatzfreudig und für seinen König von unschätzbarem Wert. Für den Ausgang der Schlacht und die Ausnutzung des Erfolges leistet er Hervorragendes. Als der Feind geschlagen ist, beauftragt ihn Friedrich mit der konsequenten Verfolgung des Gegners.
Die maßgeblichen Generale, mit denen Friedrich in die Schlacht zieht, sind Generalmajor Prinz Eugen von Württemberg, Generalmajor Prinz Karl von Bevern, Fürst Moritz von Anhalt-Dessau als Gouverneur von Küstrin, Generalleutnant von Driesen und Generalmajor Karl Heinrich von Wedell. Es kommt alles darauf an, daß sie Friedrichs Plan und die dazugehörigen Befehle befolgen, aber auch in unerwarteten Situationen selbständig zu handeln verstehen.

Auf österreichischer Seite ist Prinz Karl von Lothringen zum fünften Mal der Gegenspieler des Königs - viermal schon hat er verloren. Es gibt eigentlich niemanden im großen Habsburger Reich, der ihm Qualitäten als Feldherr nachsagt, außer zwei Personen: die Kaiserin und der Kaiser. Und allen ist klar, nur der Umstand, Bruder des Kaisers zu sein, läßt ihn jetzt hier stehen und die Schlacht erwarten. Friedrich soll's recht sein! Dem Prinzen fehlen die Ideen, das Draufgängertum und der Mut, auch einmal etwas zu unternehmen, das in Wien Mißfallen erregen könnte. Sein Respekt vor Friedrich scheint ihn zu lähmen und resigniert zu machen, denn auf Vorhaltungen seines Bruders, ein wenig forscher vorzugehen, antwortet er in naiver Weise:
»Ew. Majestät dürfen versichert sein, daß dieser König von Preußen einer Hydra gleicht, wenn man ihr den einen Kopf abschlägt, wächst ihr sofort ein anderer nach.«

Ihm zur Seite steht Leopold Graf Daun, dessen Stern im Aufgehen begriffen ist. Doch er hat bei Leuthen nur so etwas wie eine beratende Funktion und kann für die Niederlage nicht verantwortlich gemacht werden. Im Gegensatz zu Karl ist er militärisch durchgebildet, ein Methodiker, ein Fachmann in allen Fragen der Organisation und wie Friedrich der Vater seiner Soldaten. Seinen späteren Ruf als »Zauderer« hat er nur teilweise verdient, denn man muß ja bedenken, daß er nicht wie Friedrich sein oberster Kriegsherr war. Leopold Launs militärischer Werdegang ist beeindruckend: Geboren am 24. September 1705, 1718 bereits

Volontär in der Armee, 1726 Major, 1727 Oberst, 1737 Generalfeldwachtmeister, 1739 Feldmarschalleutnant, dann bei Chotusitz und Hohenfriedeberg dabei, 1745 Feldzugmeister und 1754, im Alter von 49 Jahren, die letzte Stufe erreicht -Feldmarschall. Er gilt als der Liebling Maria Theresias.
Ein Zeitgenosse, der Leopold Daun bei Kolin und Leuthen erlebte, hat ihn folgendermaßen charakterisiert:
»Er genoß die Hochachtung aller Kenner, und die Armee liebte ihn als ihren Brotvater, aber seine oft übertriebene Bedachtsamkeit und der langsame Gang seiner Operationen mißfiel nicht nur den hitzigen Wienern, sondern sehr oft auch unseren rüstigen, mutvollen Kriegern. Man räumte ihm die große Fähigkeit ein, für den Unterhalt des Heeres, und seine Sicherheit zu sorgen, die Kunst vorsichtig zu marschieren, die Kenntnis vorteilhafte und glückliche Stellungen zu wählen, das Geheimnis seinen Feind zu ermüden, aber das Talent des Angriffs und die Entschlossenheit, erfochtene Siege zu benützen, schien nicht seine Sache zu sein.«

Die für die Truppe verantwortlichen Generale auf österreichischer Seite sind Graf von Nostiz, Graf Serbelloni, Graf Colloredo, Franz Leopold Graf Nadasty und General der Kavallerie Graf Lucchese. Sie alle machen ihre Sache ausgezeichnet, vor allem Nadasdy hatte sich bei Kolin für den österreichischen Sieg verdient gemacht. Aber jede Führungsmannschaft ist nur so gut wie ihr Anführer...

Plan eines Angriffs auf die linke Flanke des Feindes

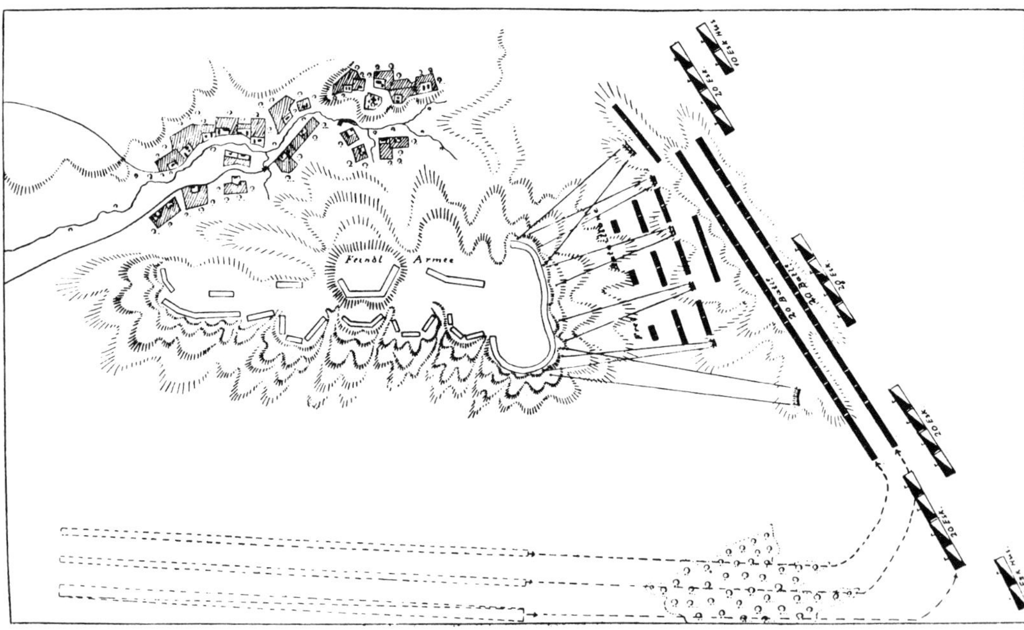

Friedrich berät sich mit seinen Generalen und Stabsoffizieren. Zeichnung von A. v. Menzel.

← Zu dieser Schlachtskizze gibt Friedrich folgende Erläuterungen:
»Ihr seht, daß ich meine ganze Armee gegen die Flanke des Feindes führe. Ich nehme mir vor, hier durchzubrechen. Meine Armee dient nur als Reserve der Angriffe und zu ihrer Unterstützung mit frischen Truppen. Da der rechte Flügel der nächste ist, muß er sie liefern, und von der übrigen Armee lasse ich durch eine halbe Wendung nach rechts die ihm entnommenen Truppen ersetzen.«

SCHLACHTPLÄNE

Wer einen überlegenen Gegner in fester Stellung angreifen möchte, muß Pläne machen - durchweg in dieser Situation befindet sich Friedrich. Noch bevor er hoffen konnte, die Österreicher in einem ihm genehmen Gelände präsentiert zu bekommen, nämlich am 24. November 1757, formulierte er in Görlitz einen Befehl und Plan, den Fürst Moritz uns überliefert hat. Zu dieser Zeit war die Armee des Herzogs von Bevern noch nicht geschlagen.

»Sr. Königl. Maj. haben heute dato zu ihre allhier befindlichen Generale und Stabsoffiziere befohlen und zu voraus instruiret, wenn Bataille vorfallen sollte, wie sie sich dabei zu verhalten hätten:

1. Sollten die Regimenter geschlossen avanciren.
2. Auf eine Distance mit ganzen Bataillonen chargiren.
3. Es sollte mit einem Flügel attackirt werden und der andere Flügel zurückgehalten werden.
4. und die Officiers auf Alles schön geschlossen wohl halten und auch in Zügel halten.

Ferner haben Sr. Königl. Maj. an die Generale apart allerhöchst ihre Idee apart bekannt gemacht und deklarirt, wer von den Herren Generals am Leben und sonder blessirt bliebe daß er derselbe darauf halten müßte:

1. Wo die Bataille gewonnen, sollten sogleich Husaren und was sie finden werden in der Gegend von der Oder geschehe, so sollte der Feind so attackiret werden, daß man den Feind gegen die Oder triebe und denselben in die Oder sprengete.
2. Wor die Bataille nach Ohlau geschicket hin werden, um allda die Oberbrücke abzubrechen.
3. 15 Bataillons sollten sogleich zwischen dem Gebirge und Schweidnitz, um Schweidnitz zu decken, postiren, um sogleich wieder durch eine Belagerung Schweidnitz zu nehmen.
4. mit der Armee auf Neisse zu marschiren, sich von Jägerndorf und Troppau Meister zu machen und in Mähren einzumarschieren und den Feind aus Ölmütz zu delogiren allwo man 500 Mann darin befindlich wären,
5. an den Generalleutnant Fouquet zu schicken, daß derselbe soviel Bataillons aus Glatz schicke und sich von das Magazin in Jaromirz Meister mache, wie auch Königgrätz nehme...«

Man sieht, daß Friedrich immer einen Schritt weiter dachte. Als er am 4. Dezember weiß, daß es zur Schlacht kommen muß, hat er folgenden Schlachtplan entwickelt:

»Über die Weistritz zu gehen und die Lohe aufwärts zu marschieren und am 5. oder 6. Dezember die hinter dem Fluß stehende feindliche Armee in der linken Flanke anzugreifen. Sobald das Feuer unserer Artillerie seine Wirkung getan hat, sollen 800 Freiwillige, aus der Infanterie rekrutiert und in zwei Bataillone formiert, den ersten Angriff mit Unterstützung der Avantgarde aus neun Bataillonen vortragen. In zwei Treffen hat ihnen die ganze Infanterie zu folgen, dahinter die Kavallerie. Auf diese Weise sei der Feind gegen Breslau und in die Oder zu werfen, zugleich von seinen Verbindungs- und Rückzugslinien ins Gebirge abzuschneiden...«
Friedrich ist fest davon überzeugt und übermittelt diese Überzeugung seinen Offizieren, daß diesmal sein »schiefer Plan« gelingen wird...

Der englische General Lloyd, Schlachtteilnehmer auf der Gegenseite, urteilt in seiner »Geschichte des Siebenjährigen Krieges in Teutschland«:
»Wenn man einen Blick auf den Plan dieser Schlacht wirft, so wird man leicht gewahr, daß der König die Armee dergestalt aufmarschiren ließ, daß sie mit der Front der feindlichen einen Winkel machte... Die Natur dieser Schlachtordnung zeigt schon, daß der Angriff auf einen oder den andern Flügel des Feindes geschehen müsse. Die Hauptabsicht dabei ist den angegriffenen Flügel abzustoßen und hernach den Feind zu überflügeln und ihn in die Flanke und in den Rükken zu nehmen. Soll dieses erreicht werden, so muß der Flügel, welcher angreift, so stark gemacht werden, daß er das Übergewicht über den Feind bekömmt. Da indessen der Feind auch Mittel in seiner Gewalt hat, den Angriffspunkt zu verstärken, so scheint nicht wesentlicher zu seyn, als seine Vorkehrungen so zu treffen, daß er in Ansehen des Wahren so lange in Ungewißheit erhalten werde, bis derselbe festgesetzt ist. So bald dieses aber geschehen muß der Angriff ohne Zeitverlust mit der größten Lebhaftigkeit und einem wahren Ungestüm geschehen. Dem Feinde muß gar nicht Zeit gelassen werden, sich zu besinnen sondern er muß durch das Lebhafte, das Unerwartete, noch ehe er einen Schuß bekömmt, zu Boden geschlagen werden.«

DIE AUSGANGSLAGE VOM 12. NOVEMBER BIS 3. DEZEMBER

Friedrich kehrt zwar von einem Sieg und mit begeisterten Soldaten nach Schlesien zurück, aber er weiß um das Wagnis einer neuen großen Schlacht, die er und nicht sein Gegner nötig hat. Will er das geliebte Schlesien wiedergewinnen, so muß er sie wagen. Das ist im großen und ganzen die Ausgangslage vor der Schlacht von Leuthen. Immer wieder ist im Krieg und vor allem späterhin behauptet worden, Friedrich sei »schlachtenbesessen« gewesen - doch wird die Fortdauer des Krieges noch einen ganz anderen Friedrich zeigen. Jetzt lassen die schlechten Nachrichten nicht lange auf sich warten und sie kommen in rascher Folge.

Zuerst aber die Ausgangslage aus der Sicht der Österreicher. Sie fühlten sich nicht nur von Wien unter Druck gesetzt, sondern auch angetrieben von der Nachricht von Friedrichs Sieg bei Roßbach. Es war ihnen klar, daß er in Eilschritten herkommen würde. Da sie erhebliche Kräfte an verschiedenen Orten gebunden hatten, galt es, soviele wie möglich von ihnen zusammenzuziehen. Am 12. November eroberten sie die Festung Schweidnitz, die beim ersten ernsthaften Angriff des Korps Nadasdy kapitulierte. Wie immer in solchen Fällen machte der Eroberer reiche Beute an Material, Geld und Kriegsgefangenen. Nadasdys Truppen vereinigten sich mit der Hauptarmee der Österreicher unter Karl von Lothringen und Leopold Daun, deren Stärke nun auf 83.000 Soldaten anstieg. Wien gab den Befehl zur Eroberung Breslaus.

Der Angriff gegen die 27.000 Mann starke preußische Armee unter dem Herzog von Bevern begann am 22. November. Trotz großer Gegenwehr, wobei Dörfer mehrmals den Besitzer wechselten, mußten die Preußen weichen und sich zum Teil in die Stadt zurückziehen, die von den österreichischen Truppen am linken Oderufer eingeschlossen wurde. Wann die zwölf Bataillone starke Besatzung kapitulieren würde, war nur eine Frage der Zeit, und ihr Verstreichen konnte nur Friedrich nutzen. Das scheint der Kommandant der Stadt nicht begriffen zu haben, denn schon am 25. November kapituliert er gegen freien Abzug der Besatzung. Dabei ist es, - das gehört hier aber nicht zum Thema -, zu unschönen, durchaus unpreußischen Szenen gekommen. Die Verantwortlichen wurden später von Friedrich »cassiret« und zu verschieden langer Festungshaft verurteilt. Als der Herzog von Bevern am 24. November die Vorposten inspizieren wollte, wurde er von kroatischen Soldaten gefangen genommen.

Friedrich war mit dessen unentschlossener Armeeführung schon einige Zeit unzufrieden und entlud nach dem Verlust von Schweidnitz seinen Zorn in einem Brief an den Herzog:
»Sie werden Mich auch um ganz Schlesien bringen, Meine ganze Armee decouragiren und Mich in Verlust von Land und Leuten setzen, Ihrer Reputation aber einen ewigen Affront und Schande zuwegen bringen. Ich habe Sie vor timide Ratgeber und Conseils gewarnt, sagen Sie aber Kyau und Lestwitz (zwei der später Verurteilten) von Meinetwegen geradeheraus, daß ihre Köpfe Mir insonderheit davor repondiren und fliegen sollten, wenn sie weiter gleichsam wie alte Huren agiren würden, und dieses wird noch mehreren anderen Generals arriviren, die dergleichen Lâcheté und Schwachheit bezeigen und ihr Devoir nicht wie redliche Leute tun werden.«
Friedrich tobte und schickte Befehle an den Herzog, doch dieser war bereits als Gefangener auf dem Weg nach Wien.

Als Friedrich dann am 13. November mit seinen Kerntruppen, den Roßbacher Siegern, 18 Bataillone und 29 Schwadronen stark, von Leipzig aus aufbrach, wußte er um das Chaos in Schlesien und mußte desto mehr auf eine entscheidende Schlacht versessen sein. Die Soldaten, die unterwegs erstklassig verpflegt und untergebracht wurden, vollbrachten für damalige Zeiten unglaubliche Marschleistungen. Über Torgau, Bautzen, Görlitz und Naumburg erreichte die Armee bereits am 28. November Parchwitz, von wo aus Friedrich seiner Lieblingsschwester Wilhelmine schreibt:
»Mit aller für ein Heer möglichen Schnelligkeit sind wir nach Schlesien geeilt, denn wir haben gut 45 Meilen in vierzehn Tagen zurückgelegt...«
Friedrich zeigt sich schon Tage vor der Schlacht als ausgekochter Stratege: Er läßt eine kleinere Armee unter Feldmarschall Keith aus Sachsen einen Vorstoß nach Böhmen machen, österreichische Magazine nehmen und zerstören und Prag bedrohen.

Inzwischen ist Zieten mit den Resten der Bevernschen Armee am 2. Dezember zur Hauptarmee gestoßen und er bringt jene schweren Geschütze mit, die in der kommenden Schlacht große Dienste leisten werden. Aber wie sehen diese Soldaten aus? Es erscheint Friedrich von größter Wichtigkeit, sie erst einmal moralisch wiederaufzurichten.
Er selbst berichtet darüber in seiner »normalen« indirekten Rede:
»Sie war mutlos und durch die eben erlittene Niederlage tief gedrückt. Man faßte die Offiziere beim Ehrenpunkt, erinnerte sie an ihre früheren Taten, suchte durch Frohsinn den frischen Eindruck der traurigen Bilder zu verwischen. Selbst der Wein diente zur Wiederbelebung dieser niedergeschlagenen Geister. Der König sprach mit den Soldaten und ließ Lebensmittel austeilen. Kurz, er wandte alle Mittel an, die sich nur denken ließen und die Zeit erlaubte, um in der Armee

das Vertrauen wiederherzustellen, ohne das die Hoffnung auf Sieg eitel ist. Schon begannen sich die Gesichter aufzuhellen...«

Daß diese Armee aus besonders gutem preußischen Holz geschnitzt ist, beweist der Eintrag in das Journal eines Regiments:

»Das merkwürdigste bei dieser Affaire ist, daß die Armee, ohngeachtet es selbige über vier bis fünf Tage vorher gewußt, daß es zur Bataille gehen sollte, demohngeachtet fast gar keine Desertion gehabt.«

Ein Schlachtteilnehmer, Bombardier Tempelhoff, schrieb über diese Armee:

»Sie bestand bis auf einige wenige aus lauter Landeskindern; denn die Ausländer waren größtenteils desertiert und was davon noch übrig war, hatte den Charakter der Nation angenommen. Eine vorzügliche Liebe zu ihrem König und Vaterland war der Hauptzug in demselben, und wenn ein Volk den Spartanern und Römern gleich gekommen, so waren es gewiß die damaligen Preußen...«

Wie schon 1741 bei Mollwitz hat Friedrich einen Schlachtplan entworfen, der jedoch nicht zur Anwendung kam. Danach war es seine Absicht, zuerst über das Flüßchen Weistritz zu gehen, die Lohe aufwärts zu ziehen und die dort stehende Armee des Prinzen Karl von Lothringen anzugreifen, dieses so um den 5. oder 6. Dezember herum. Daß es ein Angriff auf die Flanke des Gegners sein müßte, stand für ihn fest - wie sonst sollte er mit dessen Übermacht fertigwerden. Da er sich diesmal mit seiner Artillerie besonders stark fühlte, sollte diese vorab aus allen Rohren in den Feind feuern, bis 800 Freiwillige in zwei Bataillonen und die Avantgarde aus neun Bataillonen zum Angriff schritt. Die gesamte Infanterie in zwei Treffen, hinter ihr die Kavallerie, sollten folgen. Das Ziel war eine vernichtende Niederlage, aus der die Österreicher sich nicht oder nur schwierig und langwierig erholen sollten. Wenn dies gelang und der Feind gegen Breslau und die Oder geworfen, außerdem von allen Rückzugs- und Versorgungsstraßen abgeschnitten würde - nun, dann wäre er vielleicht für das Jahr 1758 ausgeschaltet, wenn nicht friedenswillig gemacht... Was dem König mißfiel war der Umstand, daß er einen übermächtigen Feind in einem verschanzten Lager angreifen sollte; ihm wäre lieber, der Fuchs käme aus dem Bau.

Prinz Karl von Lothringen stand seit der Nachricht, Friedrich rücke von Leipzig aus an, mit seiner kompletten Armee in einem Lager hinter der Lohe, die Front nach Westen gerichtet. Zwei Husarenregimenter mit tausend Kroaten verblieben mit der Feldbäckerei in Neumarkt. In der Gewißheit eines Sieges hatten die Österreicher etliche Kanonen in Breslau zurückgelassen und sie spotteten über die im Anmarsch befindliche »Potsdamer Wachtparade«.

In Wien aber war man in Sorge, denn am 3. Dezember erhielt Prinz Karl von seiner Kaiserin einen Brief, in dem ihm anbefohlen wurde, die Festung Brieg und die Stadt Liegnitz in jedem Fall zu behaupten, da sonst ganz Schlesien wieder verloren gehen könnte. Karl bleibt jedoch skeptisch. Der Druck aus Wien mag ihn veranlaßt haben, nun das zu tun, was Friedrich sich gewünscht hatte:

wie ein Fuchs den sicheren Bau zu verlassen. Friedrich erfuhr am Abend des 3. Dezember, daß die österreichische Armee dabei wäre, ihre Stellung aufzugeben und sich zur Schlacht zu formieren. In seiner »Geschichte des Siebenjährigen Krieges« schreibt Friedrich hierzu:
»Da erhielt der König zuverlässige Meldung, der Prinz von Lothringen habe das Lager an der Lohe verlassen und sei bis über Lissa vorgerückt. Sein rechter Flügel lehne sich an das Dorf Nippern, der linke an Gohlau, und das Schweidnitzer Wasser decke seinen Rücken. Erfreut sah der König den Feind in einer Stellung, die die Ausführung seiner eigenen Absichten erleichterte...«

Jetzt war es für Friedrich klar, daß sein früherer Plan hinfällig und eine Schlacht am 5. oder 6. Dezember unvermeidlich geworden war.

Tabelle der Marschleistungen der Armee Friedrichs von Leipzig nach Parchwitz

13.	Novbr.	bis Eilenburg	3 Meilen	22,50 Kilometer
14.	—	— Torgau	3 1/2 —	26,25
15.	—	Ruhetag		—
16.	—	bis Mühlberg	3 —	22,50
17.	—	— Großenhayn	3 —	22,50
18.	—	— Königsbrück	3 —	22,50
19.	—	Ruhetag		—
20.	—	bis Camenz	2 —	15
21.	—	— Bautzen	3 1/2 —	26,25
22.	—	— Weißenberg	2 1/2 —	18,75
23.	—	— Görlitz	3 —	22,50
24.	—	— Naumburg a. D.	3 1/2 —	26,25
25.	—	Ruhetag		—
26.	—	bis Deutmannsdorf	3 —	22,50
27.	—	— Lobendau	4 —	30
28.	—	— Parchwitz	4 —	30
16 Tage			41 Meilen =	307,50 Kilometer

EINE REDE VOR DER SCHLACHT

Leute anspitzen, auf Trab bringen, ihnen Feuer unterm Hintern machen - hierzu sagen wir heute »motivieren«. Friedrich war der Motivierer des Jahrhunderts. Hatte er auch nötig. Vor dieser Schlacht steht er mit dem Rücken zur Wand und hätte vermutlich das in seiner Rede Angedrohte wahrgemacht, wenn sie verloren gegangen wäre. Bei Leuthen offenbarte sich einer der Hauptvorteile Friedrichs gegenüber seiner Widersacherin Maria Theresia: Er konnte die Soldaten direkt ansprechen und auf sich verpflichten. Die nachfolgende Rede ist nicht mitgeschrieben, sondern nur mündlich überliefert worden, so daß es verschiedene Versionen der Ohrenzeugen gibt. Alle Fassungen zeigen nur einen Sinn: Alles oder nichts! Noch Jahrzehnte, bis ins 19. Jahrhundert hinein, war der Platz der Rede, zwischen Leuthen und Neumark, mit einer Birke gekennzeichnet. Hier standen sie am Mittag des 3. Dezember 1757 um ihren König, die Generale und Offiziere, und hatten harte und kompromißlose Worte zu vernehmen.

»Ihnen, meine Herren, ist bekannt, daß es Prinz Karl von Lothringen gelungen ist, Schweidnitz zu erobern, den Herzog von Bevern zu schlagen und sich zum Meister von Breslau zu machen, während ich gezwungen war, dem Fortschritt der Franzosen und Reichsvölker Einhalt zu gebieten. Ein Teil von Schlesien, meine Hauptstadt und alle meine darin befindlichen Kriegsbedürfnisse sind dadurch verloren gegangen, und meine Widerwärtigkeiten würden aufs Höchste gestiegen sein, setzte ich nicht ein unbegrenztes Vertrauen in Ihren Mut, Ihre Standhaftigkeit und Ihre Vaterlandsliebe, die Sie bei so vielen Gelegenheiten mir bewiesen haben. Ich erkenne diese dem Vaterland und mir geleisteten Dienste mit der innigsten Rührung meines Herzens. Es ist fast keiner unter Ihnen, der sich nicht durch eine große, ehrenvolle Handlung ausgezeichnet hätte, und ich schmeichle mir daher, Sie werden bei vorfallender Gelegenheit nichts an dem mangeln lassen, was der Staat von Ihrer Tapferkeit zu fordern berechtigt ist. Dieser Zeitpunkt rückt heran, ich würde glauben, nichts getan zu haben, ließe ich die Österreicher im Besitz von Schlesien. Lassen Sie es sich also gesagt sein, ich werde gegen alle Regeln der Kunst die beinahe dreimal stärkere Armee des Prinz Karl angreifen, wo ich sie finde. Es ist hier nicht die Frage der Anzahl der Feinde noch von der Wichtigkeit ihres gewählten Postens. Alles dieses, hoffe ich, wird die Herzhaftigkeit meiner Truppen und die richtige Befolgung meiner Disposition zu überwinden suchen. Ich muß diesen Schritt wagen, oder es ist alles verloren, wir müssen den Feind schlagen oder uns alle vor seinen Batterien begraben lassen. So denke ich, werde ich handeln. Machen Sie diesen meinen

Entschluß allen Offizieren der Armee bekannt, bereiten Sie den gemeinen Mann zu den Auftritten vor, die bald folgen werden und kündigen Sie ihm an, daß ich mich berechtigt halte, unbedingten Gehorsam von ihm zu fordern. Wenn Sie übrigens bedenken, daß Sie Preußen sind, so werden Sie gewiß sich dieses Vorzugs nicht unwürdig machen. Ist aber der eine oder andere unter Ihnen, der sich fürchtet, alle Gefahren mit mir zu teilen, der kann noch heute seinen Abschied erhalten, ohne von mir den geringsten Vorwurf zu leiden. Schon im voraus hielt ich mich überzeugt, daß keiner von Ihnen mich verlassen würde, ich rechne also ganz auf Ihre Hilfe und auf den gewissen Sieg. Sollte ich bleiben und Sie für Ihre mir geleisteten Dienste nicht belohnen können, so muß es das Vaterland tun. Gehen Sie nun ins Lager und wiederholen Sie Ihren Regimentern, was Sie von mir gehört haben. Das Regiment Kavallerie, welches nicht gleich, wenn es befohlen wird, sich unaufhaltsam in den Feind stürzt, lasse ich gleich nach der Schlacht absitzen und mache es zu einem Garnisonregiment. Das Bataillon Infanterie, das, es treffe worauf es wolle, nur zu stocken anfängt, verliert die Fahnen und Säbel und ich lasse ihm die Borten von der Montierung schneiden. Nun leben Sie wohl, meine Herren, in kurzem haben wir den Feind geschlagen oder wir sehen uns nie wieder.«

Noch in unseren Tagen, nach fast 240 Jahren, läßt diese Rede atemlos verharren. Sie ist ein Meisterstück psychologischer Menschenbehandlung und würde auch heute noch aktuell sein, gäbe es Anlässe, sie zu halten.

Friedrichs Publikum bestand zum großen Teil aus alten Haudegen, denen man schwer etwas vormachen konnte. Zuviele Schlachten hatten sie mitmachen müssen. Aber Friedrich packte sie, rührte sie zu Tränen und schnurstracks eilten sie zu ihren Einheiten, um die denkwürdigen Worte in der Armee zu verbreiten. Und den Überbringern gelingt es, sturmerprobte Soldaten »zum Weinen zu bringen«.

Ein Zeitgenosse hat berichtet:
»Die alten Krieger, die so manche Schlacht unter Friedrich gewonnen hatten, reichten sich wechselseitig die Hände, versprachen einander treulich beizustehen und beschworen die jungen Leute, den Feind nicht zu scheuen, vielmehr seines Widerstandes ungeachtet ihm dreist unter die Augen zu treten.«

So scheint Friedrichs geniale Rede ihren Anteil am Gelingen der Schlacht gehabt zu haben. Er selbst, Realist und Spötter, faßte die Wirkung der Rede später in drei Worte zusammen:
»Man war gerührt.«

DER 4. DEZEMBER 1757

Über diesen Tag schreibt Friedrich in seiner »Geschichte des Siebenjährigen Krieges«:

»Am 4. Dezember rückte er (der König) bis Neumarkt vor. Er hatte nur die Avantgarde der Husaren bei sich und erfuhr, daß der Feind seine Bäckerei in Neumarkt einrichte, daß die Stadt von Panduren besetzt sei und daß die Armee des Feldmarschalls Daun in kurzem erwartet werde. Erlaubte man dem Feind die Besetzung der Höhen hinter Neumarkt, so gab man ihm einen großen Vorteil in die Hand. Andererseits war es schwer, den Ort zu nehmen. Infanterie war nicht da und konnte auch nicht vor dem Abend heran sein. Außerdem hatte man keine Kanonen. Die Husaren waren die einzigen verfügbaren Truppen. Der König entschloß sich, aus der Not eine Tugend zu machen. Da er um keinen Preis zulassen wollte, daß der Prinz von Lothringen sich ihm zum Trotz gegenüber lagerte, ließ er einige Husarenschwadronen absitzen und das Stadttor sprengen. Ein Regiment folgte zu Pferd und drang in voller Karriere ein. Ein anderes Regiment erreichte durch die Vorstädte das Breslauer Tor und das Unternehmen endigte mit der Gefangennahme von 800 Kroaten durch die Husaren. Sogleich wurde der Lagerplatz besetzt. Man fand dort Pfähle und Markierungen, die die österreichischen Ingenieure zur Absteckung der Truppenstellungen hinterlassen hatten.

Der Prinz von Württemberg übernahm den Befehl über die Avantgarde. Am Abend erhielt er zehn Bataillone Verstärkung, mit denen er bei Kammendorf ein Lager bezog. Noch am selben Tag zog die Kavallerie durch das Defilee von Neumarkt, während das Gros der Infanterie in Neumarkt und den umliegenden Dörfern kantonnierte...«

Was Friedrich nicht erwähnt, ist die Erbeutung der österreichischen Feldbäckerei in Neumarkt mit 80.000 Portionen Brot. Was das bedeutete, kann man nur ermessen, wenn man die Schwierigkeiten des Nachschubs an Lebensmitteln in damaliger Zeit kennt. Dieser echt preußische Handstreich wirft ein bezeichnendes Licht auf das Verhalten der Österreicher unter Karl von Lothringen: zum einen ihre Sorglosigkeit in Nebendingen, zum anderen das Versagen ihrer Aufklärung. Sie scheint vom Anmarsch der Preußen auf Neumarkt gar nichts mitbekommen zu haben. Erst flüchtende Kroaten und Husaren brachten die Meldung von Friedrichs Erscheinen in Neumarkt zum österreichischen Hauptquartier.

Die Folge war das Anhalten des österreichischen Vormarsches gegen die preußische Armee und ihre Aufstellung zur Verteidigung in der Linie Nippern-Frobelwitz-Leuthen. Hierfür hatten der vorsichtige Daun und auch Graf Serbelloni gestimmt, während die Draufgänger unter den Österreichern meinten, »es sei unter der Würde der siegreichen kaiserlichen Waffen, der Potsdamer Wachtparade nicht entgegenzurücken«. Im übrigen war man im österreichischen Lager an diesem Tag nicht sicher, daß Friedrich überhaupt eine Schlacht annehmen würde: War's doch Winter mit kurzen Tagen und höchste Zeit, die Quartiere aufzusuchen. Wenn man jedoch doppelt so stark ist wie der Gegner, verwendet man meist wenig Gedanken an die Möglichkeiten, die diesem offenstehen. So senkt sich der Vorhang der Winternacht, um früh am nächsten Tag hochgezogen zu werden...

Das Gelände, auf dem die Schlacht stattfinden sollte, ist in dieser Jahreszeit für Truppenbewegungen normalerweise ungünstig. Viel Wasserläufe, Gräben, Teiche, Sümpfe und Moore; die Wege grundlos und schlecht ausgebaut. »Normalerweise«! Aber 1757 ist der Winter früh eingekehrt und er scheint sich mit den Preußen verbünden zu wollen. Am 3. und 4. Dezember schneit es leicht, in der Nacht zum 5. Dezember, die hell und klar ist, gibt es gar Frost, so daß einige der natürlichen Hindernisse begehbar werden: nämlich die flachen Fischteiche und niederen Sümpfe sowie die Ackerflächen der Bauern. Besonders diese pflegen dem Infanteristen, wenn sie weich und »klebrig« sind, viel Marschkraft abzufordern, und auch die Pferde der Kavallerie oder des Nachschubs ermüden vorzeitig. Für eine Neuerung, die Friedrich einzuführen gedachte, war gut befahrbarer Boden von großer Bedeutung: Erstmals sollte die Munition für die Infanterie auf Wagen den Treffen nachgeführt werden - schließlich war die Schießkraft der preußischen Soldaten die beste der Welt und es wäre paradox und gefährlich, sie wegen Munitionsmangel versiegen zu lassen.
Als Friedrich am Abend des 4. Dezember die Wetterlage studiert kann er sicher sein, daß wenigstens der Wettergott, dieser unsichere Kantonist, mit ihm sein wird - ob er auch mit dem Schlachtengott klar kommt, hängt von seiner eigenen und der Leistung seiner Soldaten ab.
Über die an diesem Abend ausgegebenen Befehle schreibt das »Generalstabswerk«:
»...daß bei der Avantgarde um halb fünf, beim Gros um vier Uhr auf das Signal »Locken«, das Gewehr in die Hand zu nehmen sei, ohne daß Generalmarsch geschlagen werde. Bagage, Brotwagen und Packpferde sollten westlich Neumarkt, nur die Chaisen und Regimentsfeldscherwagen hinter der Armee bleiben.«
Und kurz und knapp über den Verlauf der Nacht:
»Die kalte Nacht verlief ruhig; auf den Höhen östlich Lampersdorf sah man die Wachtfeuer der Nostitzschen Truppen.«

Was tat sich auf der österreichischen Seite zu später Stunde? Als Karl von Lothringen von dem preußischen Handstreich auf Neumarkt hörte, wurde er vorsichtig und ließ seine Soldaten über Nacht unter Gewehr stehen. Schon sein Nachtlager war eine Schlachtaufstellung, denn die Armee stand in zwei Treffen mit einem dritten als Reserve und Bagage und Zelte waren zurückgelassen worden. Die Dörfer Nippern, Frobelwitz und Leuthen wurden mit Grenadieren und Husaren stark belegt. Doch von Ordnung und »ernster Schlachtstimmung«, wie bei den Preußen, schien im österreichischen Lager keine Spur zu sein, denn überall fehlten, laut einem Bericht, Lebensmittel für die Soldaten, Stroh und Heu für die Pferde und Holz. Offiziere hatten keine Befehle für den nächsten Tag und irrten auf der Suche nach ihren Befehlshabern im Lager umher. Das Wichtigste aber war, daß Karl von Lothringen und Leopold Daun sich entschlossen hatten, eine von Friedrich angetragene Schlacht anzunehmen. Sie ordneten für den 5. Dezember an, die Truppe habe eine Stunde vor Tagesanbruch in Bereitschaft zu stehen.

Rgt. Kronprinz 1740 — Erstes Bataillon Königl. Preußische Leibgarde — Erstes Bataillon Garde 1753 (Musketier) in Garnison — im Felde

Friedrich der Große. Gemälde von Antoine Pesne.

Friedrich während seiner Rede an seine Offiziere am 3. Dezember. Vordere Reihe von rechts nach links: Generalmajor Lentulus; Generalmajor Fouqué; General Moritz von Anhalt-Dessau; Friedrich; Generalleutnant Zieten; Generalmajor Schmettau. Nach einem Gemälde von Richard Knötel.

Die Schlacht von Leuthen. Nach einem Gemälde von C. Röchling.

Die preußische Infanterie greift an. Nach einem Gemälde von Anton Hoffmann.
Ein unbekannter preußischer Korporal vom Regiment Meyerinck berichtete: »...die preußische Armee marschierte, von lauter Musik begleitet, als ob es zu einer Parade ging. Die Marschordnung war so perfekt wie bei einer Revue in Berlin, marschierte man doch unter den Augen des Monarchen.«

Preußische Artillerie. Nach einem Gemälde von Richard Knötel.
Technische Angaben über die Artillerie der Zeit: Die Feldgeschütze verschossen Eisenkugeln von 1,4 bis 20 Kilo Gewicht 1.200 bis 3.000 Meter weit in einer Schußfolge von zwei bis drei in der Minute; die Haubitzen verschossen 7 bis 30 Kilogramm schwere Eisenkugeln 1.000 bis 1.500 Meter weit in der gleichen Schußfolge. Geschossen wurde meist aus viel kürzeren Entfernungen.

Darstellung des schwierigen Vorgangs des Gewehrladens durch Angehörige verschiedener österreichischer Regimenter - »Accurate Vorstellung der sämtlichen Kayserlichen und Königlichen Armee«, veröffentlicht 1762 in Nürnberg:

1 »Nehmt die Kartusche«
2 »Zum Laden auf die linke Seite«
3 »Den Stock in den Lauf«
4 »Stopft«
5 »Den Stock an seinen Platz«
6 »Macht euch bereit«
7 »Legt an«
8 »Im Gleichgewicht«

Infanterie-Regiment Nr. 10, Gottlob Ernst von Pannwitz, stürmte mit der Garde den Kirchhof von Leuthen, verlor 12 Offiziere und 741 Mann.

Abb. rechts: Infanterie-Regiment Nr. 6, Wolf Friedrich von Retzow, »Wunder an Tapferkeit bei der Erstürmung des Kirchhofes«.

Sechzehn Regimenter, die sich in der Schlacht von Leuthen besonders ausgezeichnet haben.

Infanterie-Regiment Nr. 13, August Friedrich von Itzenplitz, eröffnete als »Spitze des Schwertes« die Schlacht von Leuthen.

Infanterie-Regiment Nr. 15, II. und III. Bataillon, Friedrich Christoph Freiherr von Saldern, brach im Sturm das gesprengte Tor des Friedhofs, 6 Pour le merite.

Abb. links: Infanterie-Regiment Nr. 26, Dietrich Richard von Meyerinck, verlor bei Leuthen 10 Offiziere und 454 Mann, erhielt 14 Orden Pour le merite.

Infanterie-Regiment Nr. 25, Christoph Wilhelm von Kalckstein, Teilnahme beim Kampf um das Dorf Leuthen.

Infanterie-Regiment Nr. 36, Gustav Bogislav von Münchow, »vollbrachte Wunder« am rechten Flügel des zweiten Treffens.

Fahne von Infanterie-Regiment 40.

Infanterie-Regiment Nr. 40, Johann Friedrich von Kreytzen, Einsatz am rechten Flügel der Avantgarde.

Kürassier-Regiment Nr. 1, Hans Caspar von Krockow, Einsatz in Driesens erstem Treffen.

SZENEN VOR DER SCHLACHT

Wie siegesgewiß ist Friedrich in diesen Stunden wirklich? Er schreibt einen Brief an Ferdinand von Braunschweig:
»Ich hoffe noch alles wieder gutzumachen, obgleich ich nicht leugnen kann, daß es mir sehr viel Mühe kosten wird, und daß ich hier die schwierigste und gewagteste Unternehmung vor mir habe, die ich trotzdem mit dem Beistand des lieben Gottes zu bewältigen hoffe.«

Wie schon bei den Generalen und Offizieren läßt er es auch beim gemeinen Soldaten an psychologischen Tricks nicht fehlen:
»Für jede erbeutete Kanone werden hundert Dukaten Belohnung ausgesetzt!«

Er scheint aber nicht alle 131 den Österreichern abgenommenen Kanonen später eingelöst zu haben, denn am 3. Januar 1758 wandte sich ein Major von Heyden an Moritz von Anhalt-Dessau wegen der Bezahlung der zwei von seinem Grenadierbataillon bei Leuthen eroberten Kanonen,
»...da auch S.K.M. bei der gehabten Bataille bei Lissa allergnädigst versprochen haben, vor jedes eroberte Kanon 100 Dukaten auszahlen zu lassen.«

Ein Angehöriger der Truppen Zietens, die sich nach der Niederlage bei Breslau am 22. November niedergeschlagen fühlten, hier mit den Siegern von Roßbach zusammenkamen und fürchteten, vom König gerüffelt zu werden, schildert dieses Zusammentreffen:
»Wir scheuten den ersten Blick des Monarchen, wie der Verbrecher den Blick des Richters scheut. Die Ängstlichkeit und Unruhe, die wir an unseren Heerführern bemerkten und von der selbst Zieten nicht ganz frei war - alles dieses verscheuchte jeden frohen Blick auf die erste Zusammenkunft mit dem König. Still und ernst ritten wir der furchtbaren Stunde entgegen.«
Aber Friedrich wußte, daß man Niedergeschlagene aufrichten mußte, wollte man von ihnen in den nächsten Tagen Leistungen erwarten. Er nahm den Hut ab und grüßte seine Regimenter:
»Guten Tag, Kinder! Ihr habt viel gelitten. Aber alles soll wieder gut werden.«
Friedrich ritt im Lager von Feuer zu Feuer, sprach mit den einfachen Soldaten und machte ihnen Mut. Als er das Regiment Garde du Corps erreichte, entspann sich dieser merkwürdige Dialog, der in die Geschichte eingegangen ist. Die lagernden und sich nicht erhebenden Soldaten boten ihm den »Guten Abend«, den er betont heiter und leutselig erwiderte. Dann kam die treuherzige Frage:
»Was bringst du uns noch so spät?«

»Eine gute Nachricht, Kinder, ihr sollt morgen die Österreicher brav zusammenhauen.«
»Das soll gewiß geschehen.«
»Aber denkt nur, wo sie dort stehen und wie sie verschanzt sind.«
»Und wenn sie Teufel um und vor sich hätten, wir schmeißen sie doch heraus, führ du uns nur hin.«
»Nun, ich werde sehen, was ihr könnt, legt euch nieder und schlaft wohl.«
»Gute Nacht, Fritz!«

Irgendwie immer in dieser Art ritt Friedrich das ganze Lager entlang und verbreitete Hoffnung und Vertrauen besonders unter den Neuankömmlingen. Das ging dann so weit, daß die Soldaten sich untereinander Mut für den nächsten Tag zusprachen. Es erscheint undenkbar, daß sich solche Szenen bei den Österreichern abgespielt haben könnten. So etwas gab's wirklich nur bei den Preußen.

Friedrich verspricht außerdem jedem Offizier, der als erster die gegnerische Schanze ersteigt, den Orden Pour le merite und jedem Unteroffizier und Gemeinen in der Beförderung einen Schritt nach vorn, wenn er bei der Erstürmung der Schanze dabei wäre.

Daß Friedrich tatsächlich »mitten unter seinen Soldaten war«, beweist die Korrespondenz, die der Philosoph Johann Georg Sulzer mit dem Schweizer Literaturkritiker Johann Jakob Bodmer über Preußen und Friedrich führte:
»Die unüberwindliche Standhaftigkeit des Königs konnte allein durch das große Exempel diese ermüdete Armee beim Mut erhalten. In diesen Wintertagen lagerte sich der König wie ein gemeiner Soldat unter freiem Himmel, wärmte sich am Feuer und machte hernach dem herumstehenden Soldaten Platz, redete mit ihnen von ihren ausgestandenen Ermüdungen und ermunterte sie auf die freundlichste Art, noch einmal den Mut zu zeigen.«

Schon an den Abenden vor der Schlacht sangen die Soldaten fromme Lieder und Friedrich äußerte sich:
»Mein Gott, welche Kraft hat die Religion!«
Eine erstaunliche Äußerung eines Mannes, der doch immer als Atheist gilt und oft mit dieser Einstellung kokettierte.
Sicher ist, daß vor Leuthen seine Soldaten bereit waren, mit ihm durch Dick und Dünn zu gehen. Während sich im Lager der Preußen diese einmaligen Szenen abspielten, tagte am 2. Dezember in Lissa der Kriegsrat der Österreicher. Noch konnten sie ja nicht sicher sein, ob Friedrich sie angreifen würde. Trotz der numerischen Überlegenheit der österreichischen Armee schien von Angriffsgeist in diesem Kriegsrat keine Spur zu sein, die Aussagen sind widersprüchlich, aber

schließlich scheint sich der von Wien unter erheblichen Druck gesetzte Oberkommandierende Karl von Lothringen mit seinen offensiven Ansichten durchgesetzt zu haben. Die Angst vor einer Armee, die Friedrich selbst kommandierte, war so groß, daß Feldmarschall Leopold Daum riet, stehenzubleiben und sich dem König nicht zu stellen; er konnte sich nicht durchsetzen. Aus Wien hatte der Kaiser gewarnt:
»Man hat mir gesagt, daß beinahe alle Offiziere des württembergischen Korps gut preußisch gesinnt seien; ich glaube, daß Ihr wohl achtgeben müßt auf dieses Korps und auf seine Offiziere und niemals an einen Platz stellen, wo es irgendwelche Verwirrung anrichten kann.«
Wie werden sehen, wie recht der Kaiser hatte...

DAS SCHLACHTFELD

Was Friedrich nie zu hoffen gewagt hatte, als er in Eilmärschen nach Schlesien zog, trat ein: Er durfte eine Schlacht in einem Gelände schlagen, das er wie seinen Park von Sanssouci kannte. Nun könnte sich auszahlen, daß er sich um die herbstlichen Schlesischen Manöver stets selbst gekümmert hatte, sie hatten nämlich just auf diesem Gelände stattgefunden, das nun für die morgige Entscheidungsschlacht herhalten sollte.

Es liegt beiderseits der Landstraße, die von Neumarkt nach Lissa führt. Das »Generalstabswerk« umreißt es folgendermaßen:
»Im Norden wird es begrenzt durch die Linie Bischdorf-Nimkau-Nippern-Marschwitz, im Osten durch die Weistritz, auch Schweidnitzer Wasser genannt, im Süden durch den Glanzbach, im Westen durch die Linie Krintsch-Bischdorf.«
Das Gelände ist weder Flachland noch Mittelgebirge, hat aber von beidem etwas: sanfte Landrücken, wellenartige Erhebungen und einzelne markant erscheinende bewaldete Kuppen zwischen Mulden. Nirgendwo gibt es große Höhenunterschiede, gar steil abfallende Hänge. Aus den höher gelegenen Partien im Westen und Südwesten fällt das gesamte Gelände stetig zur Oder hin ab. Aber natürlich hat die Bevölkerung mit »Bergnamen« nicht gespart: Es gibt den Breslauer Berg, den Galgen-, Heide-, Wach-, Butter-, Schleier- und Sophienberg. Ebenso natürlich ist es, daß dieses Gelände von zahlreichen Wasserläufen durchzogen wird, die nicht, wie heutzutage üblich, kanalisiert und eingedeicht waren. Ein heutiger Bach von fünf Meter Breite konnte damals ohne weiteres ein Bett von hundert Metern haben, wenn man seine nassen und sumpfigen Ufer mitrechnete.

Wie im fleißigen Schlesien üblich, hatten die Bauern und Landwirte soviel Land wie möglich unter den Pflug genommen oder zu Viehweiden gemacht. So verhält es sich mit dem in Aussicht genommenen Schlachtfeld. Im großen und ganzen kann Friedrich mit den Örtlichkeiten zufrieden sein: Sie bieten Aus- und Übersicht, »Versteckmöglichkeiten«, Überraschungsmomente und für stramme preußische Marschierer beinahe ideale Verhältnisse...
Das Schlachtfeld ist eingerahmt und durchsetzt von Dörfern: Borne, Lobetinz, Schriegwitz, Sagschütz, Frobelwitz, Gohlau, Nippern und Heidau. Im Zentrum liegt Leuthen, ein »Straßendorf« von 1.800 Schritt Länge mit einer dreifachen Häuserreihe. In der Mitte die katholische Kirche mit dem ummauerten Friedhof, der zum Schauplatz harter Kämpfe werden soll. Das abgebildete Übersichtsbild zeigt die Landschaft des Schlachtfeldes recht deutlich.

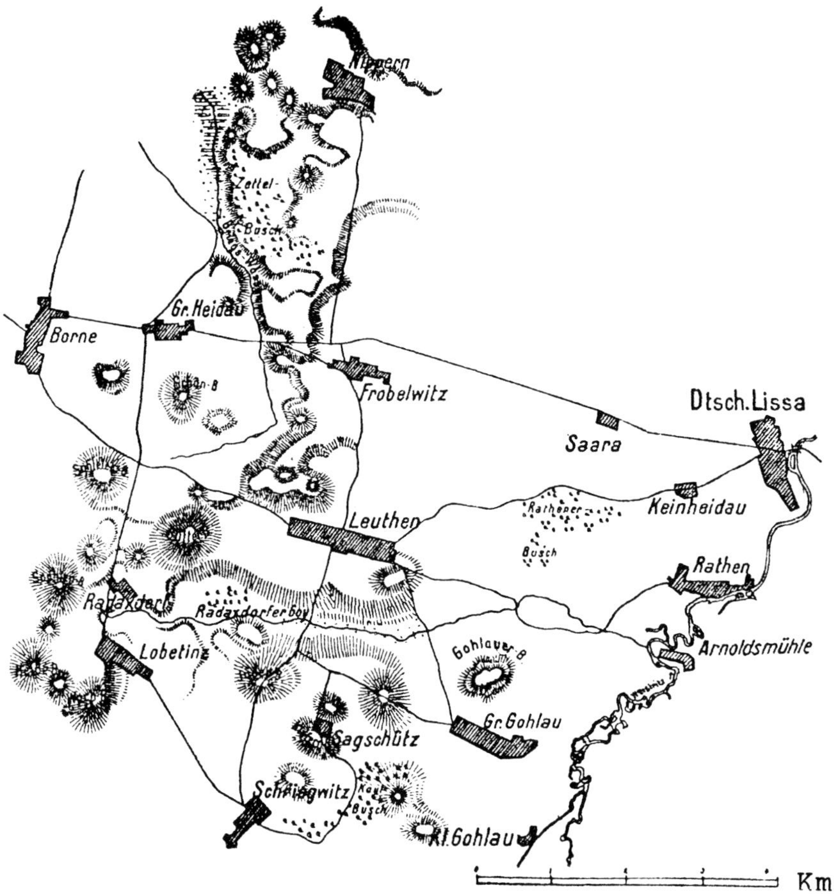

Ein Übersichtsbild des Schlachtfeldes vom 5. Dezember 1757

Das Dorf Leuthen scheint zur Verteidigung ideal »eingerichtet« zu sein. Seine langgestreckte Lage gestattet das Aufstellen von wirksamen Verteidigungslinien, wie die Österreicher sie lieben, in den Gassen und Gärten kann man sich verschanzen und Geschütze günstig plazieren. Der Kirchhof der katholischen Kirche: Im Jahr 1608 ließ Christoph von Hohberg nicht nur die Kirche renovieren, sondern er versah auch ihren Hof mit der noch jetzt bestehenden starken Mauer, die Schießscharten und Ecktürme erhielt - gegen wen sollte denn verteidigt werden? Nun, das österreichische Regiment Rot-Würzburg wird Gelegenheit erhalten, sich auf diesem Terrain zu bewähren.

DIE SCHLACHT VON LEUTHEN AM 5. DEZEMBER 1757

»Er und seine Leute sollen mir zur Deckung dienen. Er verläßt mich nicht und gibt acht, daß ich nicht der Kanaille in die Hände falle, versteht Er? Falle ich, so bedeckt Er den Körper sogleich mit dem Mantel und läßt einen Wagen holen. Er legt den Körper sogleich in den Wagen und sagt niemand ein Wort. Die Schlacht geht weiter und der Feind - der wird geschlagen.«
Diese denkwürdigen Worte richtete Friedrich an einen Rittmeister, der fünfzig Husaren kommandiert und der von nun an nicht von seiner Seite zu weichen hat. Trotz des Ernstes der Stunde ist Friedrich heiter und leutselig, redet mit seinen Grenadieren und begleitet sie zu Pferd eine Zeitlang, ehe er sich anderen zuwendet. Die Feldmusik hat einen Choral intoniert, die nächst marschierenden Soldaten fallen zögernd ein und bald pflanzen sich die Worte bis in die letzten Reihen fort - Worte, die weltberühmt werden:

»Gib, daß ich tu mit Fleiß, was mir zu tun gebühret,
wozu mich dein Befehl in meinem Stande führet,
gib, daß ich's tue bald, zu der Zeit, da ich soll,
und wenn ich's tu so gib, daß es gerate wohl!«

Daß es gerate wohl - nun, das ist für Preußen heute lebenswichtig. Friedrich ist so gelöst, daß er sogar für Schwerverbrechen wie Fahnenflucht Gnade walten läßt. Ein ergriffener Deserteur wird ihm gebracht, ein Grenadier.
»Warum hast du mich verlassen?«
»Wahrhaftig, Euer Majestät, es steht gar zu schlecht mit uns.«

»Je nun, laß uns heute noch einmal schlagen; werde ich überwunden, so gehen wir morgen beide davon.«
Wahr oder nicht: Die Stimmung in dieser Armee ist jedenfalls unschlagbar.

4 Uhr bis 5 Uhr

Nach der kalten Winternacht, ringsum auf den Höhen leuchten die Lagerfeuer, treten laut Befehl vom Vortag die verschiedenen Einheiten ab 4 Uhr und eine halbe Stunde später unters Gewehr, ohne Trommelschlag und so lautlos wie möglich. Augenzeuge Georg Friedrich von Tempelhoff war dabei:
»Den Fünften setzte sich die Armee noch vor Tages Anbruch in Bewegung. Das Grenadierbataillon Burgsdorf besetzte das Schloß Neumark, und die beiden (anderen), Plötz und Österreich blieben bei der Bagage und Train der Artillerie zurück... Die Avantgarde formierte sich vor Kemmendorf, die Kavallerie vor der Infanterie, und diese auf den dort befindlichen Höhen. In dieser Stellung blieb sie halten bis es Tag wurde und die Armee herankam. Die Batterie von zehn schweren zwölfpfündigen Kanonen setzte sich vor dieselben. Es wurde der Armee bekanntgemacht, daß die Österreicher vorgerückt wären und auf der Ebene stünden, und es noch diesen Tag wahrscheinlich zu einer Schlacht kommen würde. Diese Nachricht verursachte eine allgemeine Freude, und man konnte es unseren braven und entschlossenen Truppen in den Augen lesen, daß sie mit Ungeduld den Augenblick erwarteten, wo sie mit dem Feind handgemein werden könnten. Alles vereinigte sich auch uns den Sieg zu versprechen.«

Vor der Avantgarde sind die Husaren, denen die Freibataillone und die Fußjäger folgen, am Schluß neun Bataillone der Infanterie. Die »Ordre de Bataille« ist allen Kommandeuren bekanntgemacht. Stille ringsum, nur das Klirren der Waffen, Knarren des Lederzeugs und der Räder der Geschütze und Wagen.

Ruhig und friedlich liegt die Landschaft mit dem Dorf Leuthen als Mittelpunkt, Anfang Dezember da. Sie ist bäuerlich geprägt und niemand ahnt, daß wenige Tage später...

...die Truppen zweier Mächte aufmarschiert sind und sich eine blutige Schlacht liefern werden.

6 Uhr

Noch ist es nicht hell. Das Gros der Infanterie, in zwei Kolonnen marschierend, vereinigt sich zwischen Neumarkt und Kammendorf mit der Kavallerie, die nun die beiden äußeren Marschkolonnen bildet. Vor der Infanterie fahren die »Brummer«, jene von den Grenadieren so geschätzten zwölfpfünder Festungsgeschütze aus Glogau, die später in der Schlacht den Österreichern schwer zu schaffen machen werden. Die übrige schwere Artillerie wird von zwei Bataillonen des zweiten Treffens gesichert. Da Friedrich mit den Husaren abgeritten war, die östlich von Kammendorf das Gros der Infanterie erwarteten, war er nun wieder bei seiner Hauptarmee. Ruhig und zügig verläuft der Marsch in die Ausgangsstellung der Schlacht.

Patrouillen, meist von Offizieren gebildet, schwärmen zur Erkundung vor der Armee aus. Die österreichischen Wachtfeuer von Lampersdorf waren schon vor dem Abmarsch nicht mehr zu sehen gewesen und solange die Dämmerung die Sicht unmöglich macht, weiß niemand über die Pläne und Absichten des Gegners Bescheid. Mit Hinterhalten und Überraschungsangriffen, besonders der österreichischen Husaren und Kroaten, muß jederzeit gerechnet werden. Prompt läuft eine Meldung ein, man habe nördlich Lampersdorf feindliche Husaren beobachtet und den Lärm einer anmarschierenden Armee gehört. Offensichtlich scheint der Gegner nicht bereit zu sein, die erwartete Auseinandersetzung defensiv zu führen.
Dann sieht die Avantgarde im fahlen Morgennebel und auf den mit dünnem Schnee bedeckten Anhöhen westlich Borne die Silhouette der feindlichen Kavallerie. Könnte dies der rechte Flügel der österreichischen Armee sein? Doch es kommen weitere Meldungen: Es seien dies die Leichten Sächsischen Reiter und österreichische Husaren als Vortruppen, außerdem wird gemeldet, daß der Borner Berg und der Lampersdorfer Busch von den Kroaten des Generals Nostitz besetzt sind. Gegen diese ordnet Friedrich an, daß sich die Bataillone Manteuffel, Wedell, Ramin, Bornstedt, Asseburg und Itzenplitz unter dem Prinzen von Bevern vor das Gros setzen. Mit dem Erfolg, daß sich die Kroaten sofort zurückziehen.

Erste Gefechte

Um gar keinen Zweifel über die Situation aufkommen zu lassen, läßt Friedrich die feindliche Kavallerie augenblicklich durch die eigene angreifen. Dies gelingt vollkommen, denn offenbar hat der Gegner die Stärke der Preußen nicht erkannt, deren Anmarsch er so lange wie möglich beobachten möchte. In der »Geschichte der Preußischen Armee« wird dieser Angriff folgendermaßen beschrieben:

»Als sich die Avantgarde dem Dorf Borne näherte, sah sie eine größere Kavallerielinie vor sich. Es waren die drei sächsischen Chevaulegersregimenter (leichte

Reiter) unter dem Generalmajor Graf Nostitz und zwei österreichische Husarenregimenter. Die preußische Kavallerie warf sich mit Ungestüm auf den Feind. Dieser versuchte, sich treffenweise zurückzuziehen, wurde aber ereilt, in beiden Flanken umfaßt und zersprengt. Er verlor gegen 600 Gefangene und zwei Standarten. Die preußischen Husaren verfolgten hitzig und stießen über Groß Heidau bis dicht vor die Front der österreichischen Hauptarmee vor.«

Es läßt sich also bisher alles ganz gut an. Die preußsische Kavallerie macht nicht nur mutige, sondern auch kluge Attacken in Flanken und Rücken des Gegners und jagt ihn in wilden Fluchten bis und durch Borne. Tatsächlich muß Friedrich ihren Kampfeseifer bremsen lassen, als sie ins Vorfeld der österreichischen Aufstellung gerät. Immerhin hat sie jene sächsischen Regimenter vor sich, die sich bei Kolin zum Unheil der Preußen hervorragend geschlagen hatten. Wie sehr Friedrich die psychologische Kriegführung beherrscht, ist daran zu erkennen, daß er die frischen Gefangenen an seinen eigenen Truppen vorbei nach rückwärts führen läßt.
Er folgt seinen Husaren durch den Ort Borne und bekommt hier endlich brauchbare Meldungen über die Aufstellung der Armee Karls von Lothringen. Nachdem er das Dorf durch Fußjäger und Freibataillone besetzt und gesichert hat, begibt er sich unter Bedeckung seiner bereits erwähnten 50 Husaren und in Begleitung des Fürsten Moritz von Anhalt auf den Schönberg, der zwischen Borne und Leuthen liegt. Von hier hat er einen ausgezeichneten Blick auf die gegnerische Linie, die sich, wie schon früher gesagt, in seinem ureigenen Manövergelände hinzieht. Ein Teil des rechten österreichischen Kavallerieflügels ist zwar durch den Zettelbusch hinter Groß Heidau verdeckt, aber Friedrich kann zufrieden sein: Trotz des leichten Morgennebels hat er die Aufstellung der österreichischen Infanterie und ihren linken Flügel unter General Nadasdy im Blickfeld, bis hinüber nach Sagschütz. Friedrich selbst kommentierte die Lage später spöttisch:
»Von dort sah man die kaiserliche Armee so deutlich, daß man sie Mann für Mann zählen konnte.«
Nun, leichter können es ihm die Österreicher nicht machen.

Über die österreichische Aufstellung hat es später einige Diskussionen gegeben, aber die Augenzeugenberichte stellen eigentlich alles klar. Friedrich Wilhelm Ernst Freiherr von Gaudi schildert sie so:
»Die feindliche Infanterie stand mit dem rechten Flügel hinter Frobelwitz, welcher Ort mit einigen Piquets und Grenadier-Kompagnien besetzt war, das erste Treffen derselben hatte einige kleine Erhöhungen inne, auf welchen Canonen aufgefahren waren, und bog sich gegen Leuthen, welches nahe vor der Front des linken Flügels dieser Infanterie lag, und in welchem Ort gleichfalls Piquets und Grenadier-Kompagnien standen.«

Im Nachlaß des Feldmarschalls Keith können wir lesen:
»Wir wurden die feindliche Armee en ordre de Bataille gewahr. Sie war noch beschäftigt, verschiedenes an ihrer Position zu ändern. Der rechte Flügel Kavallerie hatte Frobelwitz auf der Flanke fast im Rücken, die Linie kontinuirte hinter Leuthen, welches besetzt war.«
In den Berlinischen Nachrichten Nummer 149 steht geschrieben:
»Wir marschierten inzwischen bei einer dicken und feuchten Luft noch beynahe eine Meile mit der Armee fort und erblickten endlich kurz nach Mittag die ganze feindliche Armee in voller Schlachtordnung bey dem Dorfe Leuthen, welches sie im Rücken hatte.«
Doch Friedrich schrieb nach der Schlacht in einem Brief an König Georg von England:
»Der rechte Flügel ihrer Kavallerie stand fast bis ans Dorf Nippern. Das Dorf Frobelwitz lag auf dem rechten Flügel ihrer Infanterie, Leuthen lag vor dem Centro... Wir sahen noch, wie sie auf unserem Anmarsch hin und wieder an ihrer Stellung änderten.
Man kann jedoch davon ausgehen, daß Leuthen kurz hinter der österreichischen Linie lag.«

Der Gegner

Karl von Lothringen reagiert wie ein echter Verteidiger, als ihm der frühe An- und Vormarsch der preußischen Armee gemeldet wird und die ersten flüchtigen Husaren von Borne vor seiner Aufstellung erscheinen: Die Armee macht aus ihrer nächtlichen Lagerstellung heraus einen »kleinen Marsch« von tausend bis zweitausend Schritt nach vorn, mitsamt der Kavallerie und Artillerie. Das ist dann ihre Stellung, die Friedrich vom Schönberg her observiert. Der äußerste rechte Flügel unter Herzog von Arhemberg stützt sich an das Dorf Nippern, einige Winkel bildend verläuft die weitere Linie über Frobelwitz und Leuthen nach Sagschütz und über ein Vorwerk gegen den Mittelteich von Gohlau, hier in einem zurückgebogenen Haken auslaufend. Leuthen ist mit sieben Grenadierkompanien besetzt, in den Büschen und Gehölzen von Sagschütz liegen fünf Bataillone. Die österreichische Kavallerie steht verteilt im ersten und zweiten Treffen der Infanterie, teilweise nur in der Stärke von Schwadronen. Die Artillerie ist, - schließlich erwarten die Verteidiger entweder einen Frontalangriff oder sie können nicht ahnen, an welchem Einzelpunkt sie angegriffen werden -, über die ganze Linie verteilt: Je acht schwere Geschütze links und rechts von Frobelwitz, acht zwischen Frobelwitz und Leuthen, vier auf einem Hügel hinter Sagschütz und vierzehn massiert auf der Höhe zwischen Sagschütz und Gohlau. Es ist die übliche gefürchtete österreichische Artillerielinie - der Alptraum eines jeden Angreifers! Aber: Den größten Teil seiner schweren Artillerie hat Prinz Karl in und bei Breslau zurückgelassen, während Friedrich, wie bekannt, extra die Festungsartillerie aus Glogau herbeischaffen ließ. Der sogenannte Zettelbusch bei Nippern verbirgt aber etwas Wesentliches: Hier steht der rechte Kavallerieflügel der Österreicher.

Das ist die Stellung, die Friedrich vom Schönberg her in aller Gelassenheit beurteilt. Nadasdys linker Flügel mit dem Haken rückwärts ist zusätzlich mit einem Verhau, von Friedrich »Verhack« genannt, vor dem Kiefernberg gelegen, gut geschützt. Alles in allem erscheint die österreichische Aufstellung als ein Meisterwerk konsequenter Verteidigung, beinahe schon »Daunisch«, an alles ist gedacht und die Soldaten, Offiziere und Feldherren hinter ihr können nichts anderes sein als guten Mutes: Wer sie hier frontal angeht, muß sich unweigerlich eine blutige Abfuhr holen...

Friedrich entscheidet

Daß Friedrich sich einen solchen Leichtsinn nicht leisten kann, ist allen Beteiligten, die Einblick haben, vollkommen klar. Hier und heute eine Niederlage, und der Krieg, kaum ein Jahr alt, wird beendet sein! Alle Regeln der Kriegskunst sprechen für eine preußische Niederlage, so sehr der einfache Soldat auch anders denken und sein Leben zu opfern bereit sein mag.

»Nadasdy, Lotharingen
und Dauns gewaltig Heer,
auf neunzigtausend bringen
sie's wahrlich noch und mehr;
steht jeder wohl zwei Mann,
und für die Fünfzigtausend
da führt der Fritz uns an.«

In diesen einfachen Reimen steckt jenes Korn Wahrheit, das diese Schlacht entscheiden wird...

Friedrich auf seinem flachen Hügel, auf dem dereinst ein Denkmal an ihn erinnern wird, hat seinen Schlachtplan »bereits in der Tasche«, worüber er später schreibt:
»Beim ersten Anblick dieser Stellung ergab sich aus der Geländebeschaffenheit, daß der Hauptstoß sich gegen den linken Flügel des Feindes richten müsse, der

sich, schlecht angelehnt, über den Sagschützer Kiefernberg zog. War diese Stellung erst gestürmt, so hatte man für den Rest der Schlacht das Gelände für sich, denn es fällt von dort aus immer weiter ab und senkt sich gegen Nippern herab. Ließ man sich dagegen mit dem Zentrum ein, so konnte der rechte österreichische Flügel durch das Lissaer Gehölz den Angreifern in die Flanke fallen.«
Hier fällt also endgültig der Entschluß, die Österreicher an ihrer linken Flanke anzugreifen, und zwar mit der Hauptmasse der Armee. Dies war, bei der Übermacht, die die Österreicher bei raschem Manövrieren an jeder Stelle der Schlacht herstellen konnten, unbedingt notwendig. Um ihr Manövrieren zu erschweren, mußten sie über den Brennpunkt des preußischen Angriffs so lange wie möglich im Unklaren gelassen werden.

10 Uhr 30, der Aufmarsch der Preußen beginnt

Die Kavallerie der Avantgarde marschiert östlich Borne auf und die Kolonnen der Armee gehen durchs Dorf oder seitwärts vorbei. Als sie sich östlich Borne wieder treffen, gibt Friedrich den Befehl zur Entwicklung in der Weise, daß der Gegner mit einem Angriff auf den rechten Flügel rechnen muß, im Gelände nördlich Frobelwitz. Wird die Täuschung gelingen? Bei den Österreichern wird nur einer mißtrauisch, der Franzose Montazet, der geäußert haben soll:
»Wegen der Sümpfe, Seen und Gräben ist es in jener Gegend nur einem Heer von Schnepfen möglich, zu tournieren...«
Ein preußischer Ingenieuroffizier berichtet:
»Nachdem sich der König über den Angriffspunkt entschlossen hatte, so stellte er sich, als wenn er den rechten Flügel angreifen wollte, welchen der Feind gleich darauf durch die Reserve und einige Batterien verstärkte. Ehe es sich aber der Feind versah, schwenkten sich die Kolonnen rechts, marschierten nach dem feindlichen linken Flügel, wo sie aufmarschierten...«

Der Gegner reagiert

Das Wetter hat inzwischen aufgeklart und verschleiert die Bewegungen nicht mehr. Auf der Höhe des Breslauer Berges beobachten Karl von Lothringen und Leopold Daun die Manöver der preußischen Armee. Sie sind unterschiedlicher Ansicht, aber Karl hat den Oberbefehl, so daß Daun nur seine Meinung vorbringen kann. Schon seit der Verfolgung der eigenen flüchtenden Husaren ist Karl überzeugt, sein rechter Flügel müsse das preußische Angriffziel werden. So sieht er es von seinem Feldherrnhügel aus, so meldet es ihm, mit dringenden Bitten um Verstärkung, der Befehlshaber seines rechten Flügels, Graf Lucchese.

Immerhin, die Verstärkung des rechten Flügels durch das Reservekorps ist noch eine verständliche, vermutlich von jedem Feldherrn ergriffene Maßnahme. Davon wurde der linke Flügel noch nicht tangiert.

Kurzer militärischer Exkurs

An dieser Stelle muß einmal dargelegt werden, was es hieß, hinter einer vier, sechs oder acht Kilometer langen Verteidigungslinie Truppen zu verschieben. Waren es bereitstehende Reserven, so ging es noch an, da sie solche Manöver erwarteten und noch nicht in Treffen standen. Ihr Abmarsch an die Einsatzpunkte vollzog sich durchweg in ruhiger Ordnung. Zu bedenken sind die Bodenverhältnisse und hierzu muß man über den Mangel an Straßen, Wegen und gar Trampelpfaden in damaliger Zeit Bescheid wissen: Märsche und Verschiebungen über Äcker, Weiden und durch Gebüsche und Waldstücke lösten die Ordnung auf und ermüdeten die Soldaten, die - wie in einem anderen Kapitel dargelegt -, ganz wackere Lasten mit sich schleppen mußten. Wenn sie vier Kilometer in der Stunde schafften, das wäre in unserem Fall von der Mitte der Front an bis zu Luccheses »bedrohten« Flügel, dann waren das stramme Leistungen. Nun mußten sie sich entfalten und in Schlachtordnung stellen.

Wurde die Kavallerie verschoben, ging natürlich alles rascher vor sich, aber die »Schwachstelle« dieser Waffengattung sind die Pferde: Soll ein Kavallerieangriff durchschlagen, entweder auf die Infanterie oder auf »Kollegen«, so muß er wie »ein Sturmwind dahergebraust« kommen. Das geht nur mit ausgeruhten Pferden. Darum ist es eine Spezialität der Reiterei, unverhofft aus einer natürlichen Deckung heraus auf den Feind zu gehen. Daraus folgert, daß auch Verlegungen der Kavallerie in Ruhe und gemäßigtem Tempo vor sich gehen müssen.

Dann ist da noch die Artillerie. Selbst leichtere Bataillonsgeschütze sind schwere Brocken, die von mehreren Pferden gezogen werden müssen. Der Erste Weltkrieg hat uns gezeigt, welche fast unüberwindlichen Schwierigkeiten der Transport von Kanonen über miserable Wege und querfeldein bereitet. Ehe also die dringend benötigte Artillerie verlegt war, konnte eine Schlacht entschieden sein.

Friedrichs Preußen

Über Friedrichs Beobachtungs- und Beurteilungsgabe hat Rittmeister von Cogniazo, Schlachtteilnehmer auf österreichischer Seite, folgende Worte gefunden:

»Das Auge des gewöhnlichen Beobachters würde eine Linie gutbewaffneter Krieger, die von Nippern aus bis an das Schweidnitzer Wasser eine Strecke Landes von mehr als einer deutschen Meile innehatte, furchtbar gefunden haben. Auf Friedrichs sieggewohntes Auge mußte dieser über alles Verhältnis weit ausgedehnte Körper eine ganz andere Wirkung machen, weil er sogleich einsah, daß er den Koloß umstürzen konnte, wenn es ihm glückte, ihn auf einer seiner Flanken zu untergraben.«
Friedrich Wilhelm Ernst von Gaudi ist bei Leuthen einer von Friedrichs Flügeladjutanten, er urteilt ähnlich:
»Im Ganzen war die Position der Österreicher gut zu nennen, nur etwas zu ausgedehnt, denn sie nahm eine volle deutsche Meile ein. Alle Vorteile des Terrains waren zweckvoll benutzt und das einzige, was man ihr vorwerfen könnte, war, daß zur Deckung der linken Flanke fremde und nicht Nationaltruppen verwendet worden waren.« C. von Decker, Autor eines Buches über die Schlachten des Siebenjährigen Krieges, schreibt:
»Gegen die Aufstellung der österreichischen Artillerie läßt sich nichts einwenden. Sie folgte den allgemeinen Regeln der Kunst, aber der Hauptfehler bestand darin, daß sie für diese ungeheure Ausdehnung zu schwach war, und diese Schuld trug nicht sie, sondern ihr Feldherr.«
Und Warnery packt das Thema in seinen »Campagnes de Frédéric« von der richtigen Seite an:
»...da die Österreicher Zeit genug übrig hatten, so sollten sie weiter vorrücken und auf den Feind losgehen, sobald sie ihn erblickten, ohne ihn zum Aufmarsch und Rekognoszieren Zeit zu lassen. Wenn man es mit den Preußen zu tun hat, muß man ihnen zuvorkommen und ihnen nie Zeit lassen, die schräge Linie oder eine andere Disposition zu machen.«

Der Gegner reagiert nicht

Die preußischen Manöver, die die österreichischen Beobachter nun zu sehen bekommen, hätten sie eigentlich stutzig machen und erkennen lassen müssen, daß ihr rechter Flügel nicht gemeint sein konnte. Laut den Berichten sollen einige Generale auch dieser Meinung gewesen sein, aber ihre Kontakte zu Prinz Karl reichten nicht aus, diesen umzustimmen. Was sie sahen, kam ihnen bekannt vor: Wie bei Kolin bewegt sich das preußische Heer, um die geplante Angriffsstellung einzunehmen, im Parallelmarsch an der österreichischen Aufstellung vorbei. Aber dieses Mal findet Friedrich die Umstände bedeutend günstiger, denn die Österreicher stehen bei weitem nicht so beherrschend und können tatsächlich, wegen des Geländes, nicht alle preußischen Bewegungen einsehen. Karl von Lothringen befindet sich in der Zwickmühle: Einerseits tracktiert ihn Lucchese mit Bitten um Verstärkung, andererseits melden mehr als zehn hintereinander abgeschickte Offiziere des linken Flügels die Gefahren dort. Wie siegessicher Teile der Österreicher sind, wie sehr sie ihrer Übermacht vertrauen, beweist der Umstand, daß mehrere Regimenter ihre Habseligkeiten wie kleines Feldgepäck, Tornister und Brotbeutel hinter der Front auf Haufen zusammengelegt haben - »um sich auf einige Stunden von einer unnützen Last zu befreyen«.

Zwischen 11 und 12 Uhr

Unter weiterer »Bedrohung« des rechten österreichischen Flügels läßt Friedrich zum treffenweisen Abmarsch nach Süden abbiegen. Die schwierigen Manöver funktionieren mit erstaunlicher Präzision. Zietens Husaren klären der Armee voraus auf. Die in fünf Batterien eingeteilten schweren Geschütze fahren links neben dem ersten Treffen mit, während alle Munitionswagen zwischen den Treffen gut geschützt mitgeführt werden. 25 Schwadronen Husaren begleiten die Armee auf den östlich gelegenen Höhenzügen, so den ganzen Marsch tarnend und verschleiernd. Bei ihnen ist Friedrich, weil er von hier aus sowohl die eigene wie auch die feindliche Armee beobachten kann. Verfolgt man den Zug dieser Armee auf einer Karte, wird einem mit Hochachtung bewußt, wie genial Friedrich alles eingefädelt hat. Hundert Jahre später hat der preußische Generalstab erproben lassen, ob Friedrichs Abmarsch tatsächlich für die Österreicher einsehbar war oder nicht...

Vom Breslauer Berg bei Frobelwitz können die Österreicher das Abbiegen des Gegners nach Süden erkennen, doch den weiteren Marschweg verdecken bewaldete Hügel und Bergkuppen. Aber zu folgern ist doch, daß ein preußischer Hauptangriff auf den rechten Flügel kaum noch zur Diskussion stehen kann. Dies ist der Augenblick, wo Graf Daun die überlieferten Worte vom »Abpaschen« gesagt haben soll; ein schönes österreichisches Wort für »sich dünne machen«. Dies ist nicht gesichert. Wenn die österreichischen Heerführer der Meinung sind, Friedrich ziehe ab, so wohl aus anderen Gründen:

1.) Der Tag ist bereits weit fortgeschritten, nur noch vier bis fünf Stunden Tageslicht. Wer will da noch eine Entscheidungsschlacht beginnen?
2.) Friedrich muß beim Anblick der langen österreichischen Linie die Absicht aufgegeben haben, zu schlagen.

Das sind ganz normale Gedanken von Feldherren, die es nicht nötig haben, alles auf eine Karte zu setzen.

Kurz nach 12 Uhr: Der Linksschwenk der Preußen und die Herstellung der Linie

Der Marsch der preußischen Armee geht zügig und den Befehlen gemäß weiter. Der Ort Lobetinz wird passiert und Marschrichtung auf Schriegwitz genommen. Zietens Kavallerie und die sechs Bataillone der Avantgarde unter Karl von Bevern durchgehen und umrunden den Ort, um Flankenschutz zu bieten und weit genug in die Flanke des Gegners zu geraten. Die einzelnen Züge der Treffen schwenken vorschriftsmäßig links ein, die drei Bataillone Wedells, als Avantgarde vorgesehen, gehen vor den rechten Flügel der Infanterie. Den linken Flügel des Aufmarsches deckt die Kavallerie des Generalleutnants von Driesen, für den Gegner verborgen durch die zwischenliegenden Höhen. Die 25 Schwadronen Husaren, die den Marsch von Borne her begleitet hatten, stellen sich als Reserve hinter dem zweiten Infanterietreffen auf. Die schwere Artillerie ist teils der Avantgarde zugeteilt, teils der Mitte und den Flügeln der Infanterie. So ist die preußische Armee zum Angriff bereit. Fürst Moritz drängt seinen König, die Uhr in der Hand, nun oder gar nicht mehr anzugreifen. Er ist alles andere als ein Draufgänger und hat noch in Parchwitz geäußert, daß die Sache übel ausgehen werde.

Den Preußen gegenüber steht das Korps Nadasdys. Dieser, einer der fähigsten Generale der kaiserlichen Armee, ist natürlich nicht zu täuschen: Wenn Friedrich heute noch angreifen sollte, dann ihn! Verzweifelt schickt Nadasdy einen Boten nach dem anderen zu seinem Feldherrn, doch dieser ist vorerst nicht umzustimmen.

1 Uhr nachmittags, die Schlacht beginnt

Friedrichs Augenmerk gilt dem Verhau, der unbedingt, sollte der Gegner geworfen werden, erobert werden mußte. Hierzu wies er die Infanterie, die in Staffeln mit je 50 Schritt Abstand vorgehen sollte, persönlich ein. Seine Worte sind durch den Augen- und Ohrenzeugen Barsewisch überliefert:
»Junker von der Leibkompanie, sieht Er wohl: auf den Verhack soll Er zumarschieren. Er muß aber nicht zu stark avancieren, damit die Armee folgen kann.«
Und in seinem üblichen vertraulichen Ton zu den Soldaten:
»Burschen, seht ihr dort wohl die Weißröcke? Die sollt ihr aus der Schanze wegjagen. Ihr müßt nur stark auf sie anmarschieren und sie mit dem Bajonett daraus vertreiben. Ich will euch alsdann mit fünf Grenadierbataillonen und der ganzen Armee unterstützen. Hier heißt es siegen oder sterben. Vor euch habt ihr die Feinde und hinter euch die ganze Armee...«

Hautnaher kann man eine Armee nicht führen. Friedrich befindet sich auf dem Wachberg bei Lobetinz und kann von hier aus sowohl den nun beginnenden Angriff als auch das gesamte Gelände bis über Leuthen hinaus übersehen, von wo ein Angriff auf seinen linken Flügel kommen könnte. Den feindlichen rechten Flügel läßt er durch zuverlässige Offiziere, die sofort Meldung zu machen haben, kontrollieren.

Vom ersten Antreten an klappt bei den Preußen das Zusammenspiel der Waffengattungen wie noch nie. Schon im Vorgehen auf den Sagschützer Kiefernberg feuern die »Brummer« mit Erfolg in den Gegner, so daß Wedells Bataillone entlastet werden. Diese gehen in echt preußischer Disziplin vor. Die im Kiefernbusch verteidigenden Württembergischen Bataillone, denen später schlechter Kampfgeist nachgesagt wurde, feuern mit Artillerie und Gewehrsalven in die anrückenden Preußen, müssen aber weichen, als die ersten berüchtigten preußischen Bataillonssalven in sie fahren. Der Bajonettangriff wirft sie vollends vom Kiefernberg und hier geschieht zum ersten Mal das, was im Verlauf der Schlacht typisch werden sollte: Geschlagene, geworfene Einheiten reißen andere mit zurück. Hier überlassen sie sieben Kanonen den Preußen. Der Engländer Lloyd, der sich auf kaiserlicher Seite befindet, schildert dies später so, wohl ein wenig übertrieben:
»Es scheint, als wenn sie gleich aller ihrer Sinne beraubt waren, sobald sie Nachricht von dem Anmarsch des Königs erhielten. Starr und gedankenlos standen sie da und wußten nicht, ob sie vor- oder zurückgehen sollten.«
Während Wedells Soldaten den Verhack und Kiefernberg stürmen, sind die sechs Bataillone unter dem Prinzen von Bevern auf dem rechten Flügel in die Schlacht eingetreten. Sie zeigen nun, was sie auf Exerzierplätzen und in früheren Schlachten gelernt haben. Nadasdy nämlich hat es nicht länger ausgehalten und seine 43 Schwadronen gegen Zieten geschickt und ihn ordentlich in Schwierigkeiten gebracht. Aber Friedrich hat ihn durch Beverns Bataillone absichern lassen. Diese geben nun ihre Geschütz- und Bataillonssalven auf Nadasdys Reiter und wehren den Angriff ab. Graf Nostitz gerät in Gefangenschaft. Die Stärke der Preußen in dieser Phase der Schlacht ist eindeutig ihr Kartätsch- und Gewehrfeuer, dem die feindlichen Treffen nicht standzuhalten vermögen.

Gute Fortschritte

Die preußischen Truppen, die immer mehr nach rechts ausholend vorgehen, sind kaum zu halten. Friedrich muß Wedell ermahnen, nicht zu weit und zu schnell zu »avancieren«. Der Kiefernberg und Kaulbusch sind genommen, jetzt

Fortsetzung S. 81

Kürassier-Regiment Nr. 4, Friedrich Leopold von Geßler, Einsatz beim flankierenden Schlußangriff Driesens.

Dragoner-Regiment Nr. 1, Carl Ludwig von Normann, nahm bei Leuthen 11 Offiziere und 800 Mann gefangen.

Kürassier-Regiment Nr. 5, Friedrich Markgraf von Brandenburg-Schwedt, unter Zieten im ersten Treffen des rechten Flügels.

Dragoner-Regiment Nr. 4, Ernst Heinrich Freiherr von Czettritz, auf Zietens rechtem Flügel Nadasdy in die Flucht geschlagen.

Husaren-Regiment Nr. 2, Hans Joachim von Zieten, machte im dritten Treffen Zietens 2.000 Gefangene.

Standarte vom Dragoner-Regiment Nr. 5.

Dragoner-Regiment Nr. 5, Friedrich Erbprinz von Bayreuth, Schlußattacke zwischen Leuthen und Frobelwitz.

Husaren-Regiment Nr. 4, Georg Ludwig von Puttkamer, Schlußattacke am linken Flügel, Verfolgung des Gegners bis Landshut.

Luftaufnahme des langgestreckten Dorfes Leuthen.
Foto: Plan und Karte

Blick auf Leuthen vom Westen aus, 1907.

Blick auf das Angriffsfeld der preußischen Garden vor Leuthen.

Der Zettelbusch vom Schönberg aus gesehen. In diesem Wald waren die Schwadronen des österreichischen Generals Luchese versteckt. 1907.

Der Wachberg mit der Windmühle, 1907.

In dieser Aufnahme ist noch der »historische« Mauerdurchbruch zu sehen.

Am Abend des 5. 12. 1757 ernannte der König auf dem Schlachtfeld von Leuthen vor den Regimentern Garde und Pannwitz den General der Infanterie Fürst Moritz von Anhalt-Dessau mit den Worten: »Sie haben mir so bei der Bataille geholfen, wie mir nie einer geholfen hat!« zum Feldmarschall.

ist der Kirchberg östlich Sagschütz an der Reihe. Hier sind die Österreicher, denen nun ein Licht über die wahren preußischen Absichten aufgeht, verzweifelt dabei, neue Regimenter heranzuschaffen und in die Front zu schieben. Aber die Ideallinie Friedrichs hat sich formiert und schießt und tritt alles nieder: Es ist die sogenannte »schräge Ordnung«, die »gestaffelte, gebrochene« Linie, in der die Regimenter und Bataillone, in rascher Folge ihre Salven abgebend, in die Flanke des Gegners einbrechen. Inzwischen sind die schweren Geschütze entweder gefolgt oder haben auf beherrschenden Höhen Stellung bezogen, ihr Feuer schlägt mit ungeheurer Wirkung in die Reihen der österreichischen Truppen. Kriegsteilnehmer Cogniazo hat diesen Moment beschrieben:
»Sind erst die Vordertruppen geworfen, und in die Flanke gefaßt, so theilt sich gar bald der Geist der Unordnung und panischer Schrecken auch den übrigen mit. So war es auch hier. Die Unordnung der gewichenen Hülfstruppen ergriff auch die österreichischen Regimenter um so mehr, als sie, während die Avantgarde unter einem überaus heftigen Kanonenfeuer gegen sie vorrückte, das sich immer rechtsziehende feindliche Treffen in ihrer Flanke und Rücken sah.«
So können die frisch herangeführten, gewiß guten österreichischen Regimenter sich nicht ordnen und werden in den Strudel des Rückzugs von Nadasdys Infanterei hineingezogen.
Über das, was bis hierher geschehen ist und sich anbahnt, kann, glaube ich, auch der heutige Leser das Atemholen vergessen! Ist unsere »moderne« Sprache überhaupt in der Lage, derartige Geschehnisse milieugerecht zu schildern? Waren die Bataillone und Regimenter Maschinen, die sich automatisch auf den Feind bewegten? »Genau ausgerichtet, mit fünfzig Schritt Abstand, halb rechts, unaufhaltsam rückten die feuerspeienden blaugeröckten Linien heran, ein kurzer Befehl des Bataillonskommandeurs, und der Zugführer kommandierte alsbald »Macht euch fertig, marsch!« Sofort sprang der zum Feuer kommandierte dreigliedrige Zug drei Schritte vor, schlug an, gab Feuer und sprang in die Linie zurück. Im Marsch wurde geladen. Schon sprang der nächste Zug und wieder der nächste und wieder der nächste vor, - es war ein durch die Bataillonsreihen laufendes unaufhörliches Geknatter und Blitzen. Und nun denke man sich zwanzig solcher Bataillone in gestaffelter Linie unaufhörlich feuerspeiend vorrücken...«

Ernst Friedrich Rudolf von Barsewisch ist richtig im Schlachtgetümmel und wird beinahe totgeschossen:
»Unterdessen gewannen wir den ganzen Verhack und denen Damm, so zwischen uns und dem feindlichen zweiten Treffen sich befand, und hatten einige Minuten Zeit unsere stürmenden Soldaten wieder in Ordnung zu stellen, die Gewehre zu laden und unsere Feldstücke an uns zu ziehen... Der Ruf »Bursche folget Eure Fahnen« erinnerte manchen Säumenden an Seiner Pflicht... Wir traffen, so bald wir uns aus dem Wald waren, die feindliche zweite Linie in einer Di-

Detailkarten zum Flankenangriff

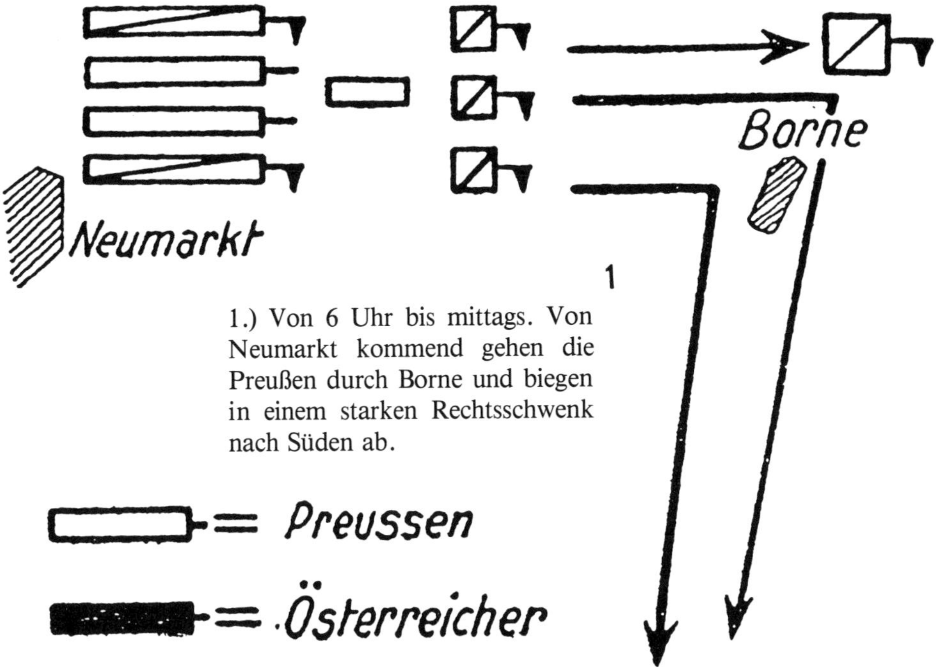

1.) Von 6 Uhr bis mittags. Von Neumarkt kommend gehen die Preußen durch Borne und biegen in einem starken Rechtsschwenk nach Süden ab.

2.) Kurz nach 12 Uhr. Die Preußen sind auf der Höhe des linken feindlichen Flügels, es folgt ihr Linksschwenk und die Herstellung der Linie.

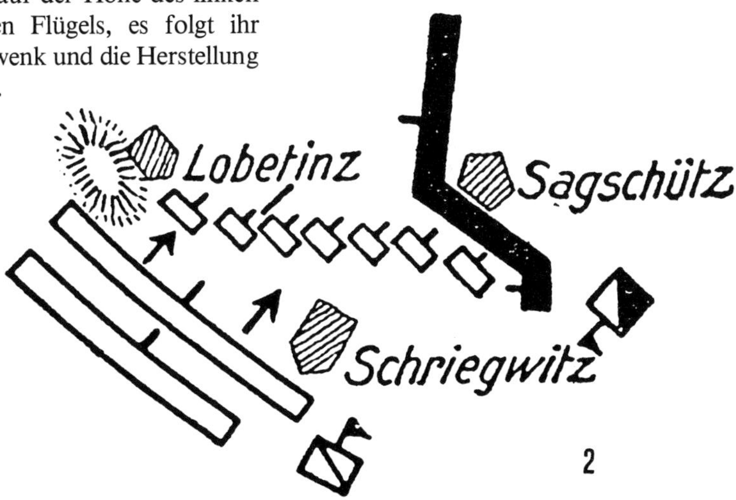

3.) Der an Sagschütz angelehnte linke Flügel des Gegners ist geworfen, die Preußen rücken auf Leuthen vor, um das sich die feindliche Aufstellung um 90 Grad schwenkt. Die Folge ist die Frontalschlacht.

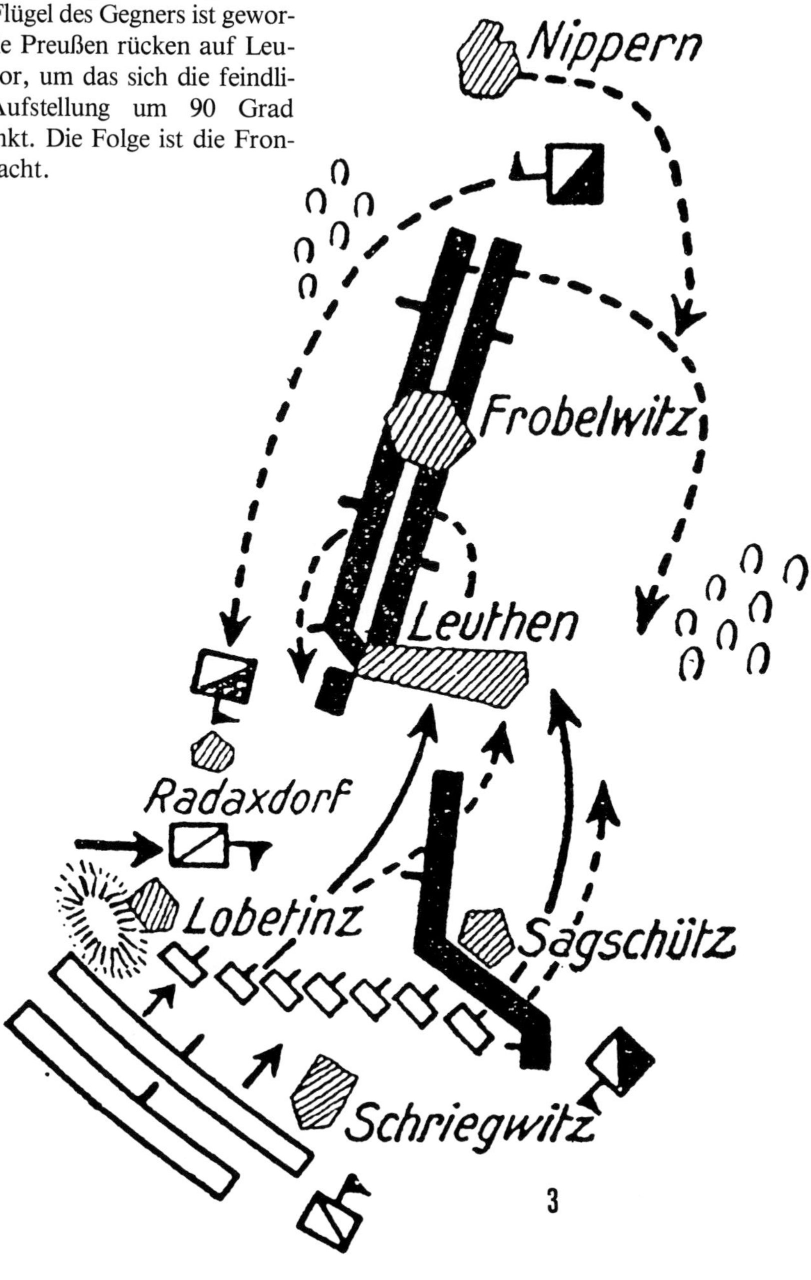

stance von 200 Schritt in Schlachtordnung an, so wir vorhero garnicht gesehen, welche aber in vollem Marsch waren gegen uns zu avancieren. Da nun unsere Linien sich geordnet hatten, wurde von den Officiers »Feuer-Feuer« kommandiert... Mit der Fahne in der Hand fiel ich hier durch einer Musqueten Kugel an der linken Seite im Halse, die mir neben der Gurgel und der großen Kopf Ader durch das Fleisch biß, zwischen denen Schulter Blättern im Rücken getroffen, für Todt zur Erde.«

Die Wegnahme des Kirchbergs

Der preußischen Infanterie kommt sehr zustatten, daß die eigene Artillerie die österreichische derart unter Feuer genommen hat, daß diese ausfällt oder die beherrschenden Höhen räumen muß. Tut sie es nicht, wird sie von den heranstürmenden Regimentern erobert. So durch die drei Bataillone Wedells und das Grenadierbataillon Kremzow, das vom Fürsten Moritz persönlich vorgeführt wird. Er entwickelt sich zum eifrigsten und mutigsten Kämpfer, mit viel Übersicht und Überlegung. Denn alles kommt nun darauf an, daß der preußische Schwung nicht erlahmt, daß die Rechtsüberflügelung im Gang bleibt und der Gegner keine Gelegenheit erhält, sich in geordneten Treffen zu stellen. Nadasdy versucht dies immer wieder, jetzt hinter dem tiefen Gohlauer Graben, und es wäre ihm wohl gelungen, wäre da nicht diese furchtbare preußische Artillerie und die Gefahr, im Rücken gefaßt zu werden. Nach der Eroberung des Kirchbergs fluten ganze kaiserliche Regimenter in voller Auflösung zurück.

2 Uhr bis 2 Uhr 30, Reiterkämpfe auf dem rechten preußischen Flügel und die Zertrümmerung von Nadasdys Korps

Nachdem Nadasdy seine zerstreute Kavallerie gesammelt hat, ist er in der Lage, wiederum den äußersten rechten Flügel der angreifenden preußischen Infanterie zu bedrohen. Um ihm zuvorzukommen, beginnt Zieten mit 53 Schwadronen den Angriff auf seine Stellung am Gohlauer Berg. Doch ein massiver Angriff ist nicht möglich, weil das Gelände ungünstig und mit vereinzelten Infanterieabteilungen der Österreicher durchsetzt ist, die die Chance wahrnehmen, die Kavalleristen mit gezielten Salven zu empfangen. Diese geraten dadurch in Schwierigkeiten und kommen erst zu Erfolgen, als sie sich auf die neu eintreffenden feindlichen Infanterieregimenter werfen, ehe diese in den Kampf eingreifen können. Überhaupt baut sich der preußische Erfolg dieses Tages zum großen Teil darauf auf, daß es dem Gegner verwehrt wird, seine fast doppelte Anzahl an Menschen zum Einsatz zu bringen. Auch jetzt wieder: Gerade will Nadasdy seine letzte Kavallerie zum Schutz der am Gohlauer Graben geworfenen Infanterie einsetzen, da brechen Zietens Reiter in sie hinein. Doch auch bei den Preußen klappt nicht alles. Einzelne österreichische Infanterieeinheiten bewahren Haltung, österreichische Husaren geraten in den Rücken der Regimenter des Generalmajors von Krockow, aber es gelingt jedesmal, der Lage Herr zu werden. Nachdem die Brigade Lentulus mehrere Dragonerregimenter zusammengeschlagen und 15 Kanonen erbeutet hat, kündigt sich der Untergang des Korps Nadasdy an. Jetzt sind es die österreichischen Reiter, die den Schrecken in die eigene Infanterie tragen, indem sie durch sie hindurch preschen und für allgemeine Panik sorgen. Damit haben Zietens Husaren die Gelegenheit zu ihrer liebsten Beschäftigung: auf die feindliche Infanterie eindreschen und sie zu Paaren treiben. Sie machen hier etwa 2.000 Gefangene.

Attacke der preußischen Kavallerie.

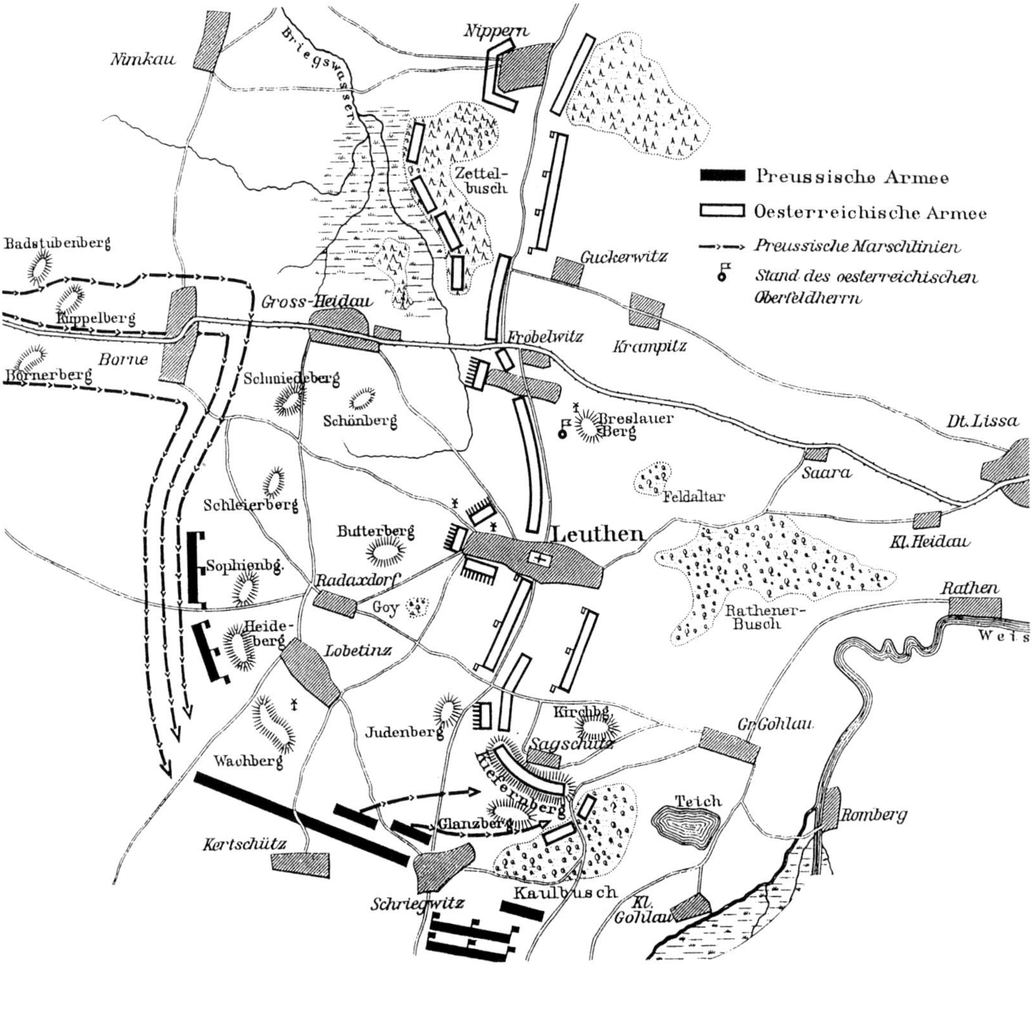
Preussische Armee
Oesterreichische Armee
Preussische Marschlinien
Stand des oesterreichischen Oberfeldherrn
Nimkau
Briegswasser
Nippern
Zettel-busch
Guckerwitz
Badstubenberg
Kippelberg
Gross-Heidau
Borne
Bornerberg
Frobelwitz
Krampitz
Schmiedeberg
Schönberg
Breslauer Berg
Dt. Lissa
Saara
Feldaltar
Schleierberg
Butterberg
Leuthen
Kl. Heidau
Sophienbg.
Radaxdorf
Goy
Rathener-Busch
Rathen
Heide-berg
Lobetinz
Weis
Kirchbg
Gr. Gohlau
Judenberg
Sagschütz
Wachberg
Kiefernberg
Teich
Glanzberg
Romberg
Kertschütz
Schriegwitz
Kaulbusch
Kl. Gohlau

Mit diesem großen Erfolg ist Friedrichs erstes Ziel erreicht: Die Zerschlagung von Nadasdys Korps und damit des linken feindlichen Flügels. Doch die Schlacht ist hiermit nicht entschieden, der Gegner nicht vom Feld geworfen. Er hat zwar starke Verluste erlitten, aber ein Großteil seiner Regimenter und Schwadronen hat noch gar nicht am Kampf teilgenommen; seine Überzahl ist bestehen geblieben. Darum kann das Motto nur heißen: Nichts wie hinterher, »dem Feind in die Hacken gesessen«!

Nadasdys Kavallerie und Infanterie suchen sich hinter dem Rathener Busch zu sammeln, sind aber hauptsächlich bestrebt, dem preußischen Artilleriefeuer und diesen schrecklichen Infanteriesalven der preußischen Regimenter zu entkommen. Wie auf dem Exerzierplatz gehen diese vor, schießen, laden, schießen, marschieren in korrekten Linien vor, schießen, laden...
»Es war nicht zum Aushalten«, kommentiert ein Augenzeuge.
Zietens Kavallerie hat bei alldem die Aufgabe übernommen, den äußersten rechten Flügel der Preußen zu decken. Was kann der österreichische Feldherr tun, um das Aufrollen seiner gesamten Front zu verhindern? Wenn es ihm gelingt, seine Front zu schwenken und sie den anmarschierenden preußischen Bataillonen »quer« entgegenzustellen, kann die Niederlage noch abgewendet werden.

Genau dies tut, versucht er. Damit rückt das langgestreckte Dorf Leuthen in den Mittelpunkt des Geschehens. Die Drehung einer ganzen Front, die bisher nach Westen gerichtet war, um neunzig Grad nach Süden ist schon auf dem Manöverplatz eine Leistung - hier wird sie durch die Fliehenden und das Entsetzen, die siegesgewissen, so präzise schießenden Preußen anrücken zu sehen, außerordentlich behindert. Schon schlagen auch wieder die verheerenden Artilleriesalven der preußischen Brummer ein...

3 Uhr.
Der Angriff auf die österreichische Hauptarmee beginnt

Vom Wachberg aus hat Friedrich den Kampf gegen den linken Flügel des Feindes beobachtet und kontrolliert, dann ist er mit der Infanterie vorgegangen. Er weiß, daß jetzt alles auf die Tüchtigkeit und Schießfertigkeit seiner Soldaten ankommt, daß dem Gegner ja keine Gelegenheit zum Stellen gegeben werden darf, denn nun muß der »normale« Kampf, das heißt frontales Angehen der feindlichen Linien, aufgenommen werden. Doch das Bestreben, den Gegner an den Flanken zu überflügeln, darf nicht aufgegeben werden. So nähern sich denn die

Bataillone des rechten Flügels und jene unter Fürst Moritz und Wedell, von den Höhen nordöstlich Sagschütz heranmarschierend, der neuen feindlichen Schlachtlinie südlich Leuthen. Friedrich beobachtet das Geschehen von einem Hügel bei Radaxdorf.

Die ersten preußischen Regimenter, die seit 1 Uhr im Gefecht stehen, sind ermüdet, während der Feind in der Lage ist, - oder es vielmehr versucht -, neue unverbrauchte Truppen vorzuführen. Nur der Umstand, daß es bei seiner Frontschwenkung den Preußen entgegen zu unmöglichen Konfusionen und schwersten Durcheinander kommt, verhindert, daß die ansonsten guten österreichischen Kerntruppen ihre volle Kampfkraft entfalten können. Immer wieder fahren die preußischen Kanonenkugeln in das dichte Gedränge und als die preußischen Regimenter heran sind, setzt es auch noch ihre präzisen Gewehrsalven.

Die preußische Attacke auf dem Windmühlenberg bei Leuthen. Zeichnung von G. Krickel.

Im Dorf Leuthen

Die österreichische Front steht in voller Länge des Dorfes und ihre Flügel darüber hinaus. Straßen, Gassen, Häuser, Scheunen, Ställe und Höfe stecken voller

Soldaten, nicht alle wehren sich, aber den preußischen Regimentern schlägt eine Feuerwand entgegen, als sie um 15 Uhr 30 zum direkten Sturm antreten. Es gelingt sofort, an einigen Stellen ins Dorf einzudringen, aber die Österreicher sind hier in ihrem Element, der Verteidigung, und jeder Punkt muß einzeln erobert werden. Ein Augenzeuge auf preußischer Seite berichtet:
»Das Dorf lag in der Länge vor; lauter geschlossene Gehöfte, stark mit Mannschaft besetzt, welche ein tüchtiges Feuer machte. Das Kommando und mit ihm das Bataillon, das Dritte Gardebataillon, stutzten. Zwei Dinge waren nur möglich - entweder eindringen oder zurücklaufen. Das erste mußte im Moment geschehen oder das andere folgte unausbleiblich.«
In einem anderen Bericht heißt es:
»Wir gingen hierauf gerade auf das Dorf Leuthen zu, in welchem sich die Österreicher noch tapfer hielten. Sie hatten die beiden Mühlen neben demselben besetzt und schossen von denselben herunter, wodurch sie den Zietenschen Husaren einigen Abbruch thaten, die sich des Dorfes auf der einen Seite bemächtigt hatten. Allein ehe sie sich umsahen, ward eine Mühle von preußischen Kanonenkugeln dergestalt zerschossen, daß die Mühle alle ihre Gäste ausspie, worauf sich auch die anderen sehr gutwillig aus der anderen Mühle herunterließen, um nicht gleiches Schicksal zu erfahren.«

Im Zentrum Leuthens steht die katholische Kirche mit jenem Kirchhof, der in die Kriegsgeschichte eingehen sollte. Eingang auf der Westseite, umschlossen mit einer hohen, aus Natursteinen gesetzten Mauer, eine richtige kleine Festung, wie gemacht, um angreifende Infanteristen mit mörderischen Feuer zu empfangen. Die besten Regimenter des Königs stürmen todesmutig heran, doch erst als es gelingt, das Eingangstor zu sprengen, fällt die endgültige Entscheidung. Es ist Hauptmann von Möllendorff, der hier seinen Namen verewigt:
»Her Leute, folgt mir!«
»Nun ging es auf einen versperrten Thorweg los. Man stieß und riß die Flügel auf; zehn Gewehre lagen im Anschlag; der Anführer, an der Spitze eines muthigen Klumpens, stürzte sich darunter. Das Bataillon in Kolonnen drang durch den überwältigten Thorweg ein und verbreitete sich; das Dorf ward genommen.«

Während von Möllendorffs 3. Bataillon Garde durch das Tor einzudringen versucht, schlagen preußische Geschütze auf der Südseite eine Bresche in die Mauer, so daß die Infanterie nachsetzen kann. Das österreichische Bataillon Roth-Würzburg wehrt sich bis zuletzt, nur etwas über dreißig Mann vermögen sich am Schluß zu retten; sonst sind alle gefangen, verletzt oder getötet. Nach der Erstürmung des Leuthener Kirchhofs geben auch die letzten Verteidiger hinter Hecken, Zäunen und in den Gebäuden auf. Der erbitterte Kampf hat eine halbe Stunde gedauert.

Hauptmann v. Möllendorff führt den Angriff auf den katholischen Kirchhof von Leuthen.

Die preußische Darstellung des Kampfes um Leuthen übertreibt, wenn sie behauptet, mit der Eroberung des Dorfes sei die Schlacht entschieden gewesen: »...Die Eroberung dieses Dorfes Leuthen entschied inzwischen das Treffen. Denn sobald dasselbe verlassen, ergriff sowohl die feinliche Infanterie als Kavallerie in größter Eilfertigkeit die Flucht, und sodann war an keinen sonderlichen Widerstand zu gedenken. Unsere Kavallerie und besonders unsere tapferen Husaren machten sich diese Gelegenheit zunutze, eilten dem flüchtigen Feind bis in die sinkende Nacht beherzt nach, hieben eine unzählige Menge darnieder und brachten viele tausend Gefangene ein.«
Ganz so war es nicht, denn die Preußen haben noch etliche kritische Situationen durchzustehen. In der offiziellen österreichischen Darstellung liest sich das so: »Man trachtete mit vieler Mühe sie (die Linie) wiederum herzustellen, es war aber alles vergeblich und konnten solche nicht mehr zu Stande gebracht werden. Wärend diesen Vorfällen hatte der Feind auch das Dorf Leuthen und den linken Flügel der Armee selbst attaqiret, auch seine meiste Force dahin angewendet, gleichwohl wurde dessen Mannschaft zu Fuß und zu Pferd durch diesseitige Infanterie und Kavallerie zu drei verschiedenenmalen mit vielem Verlust zurückgetrieben, mithin denselben der Sieg geraume Zeit streitig und kostbar gemacht...«

Um 4 Uhr ist das Dorf erobert, aber außerhalb tobt der Kampf weiter, denn die Österreicher denken noch nicht daran, das Schlachtfeld zu räumen. Noch etwa eine Stunde Tageslicht...

Jenseits von Leuthen

Jetzt zeigt sich die weise Voraussicht eines Feldherrn vom Schlage Friedrichs, der aus Fehlern vergangener Schlachten gelernt hat und »unbürokratisch« Neuerungen durchzusetzen vermag. Fürst Moritz hat später hierzu geschrieben: »Wenn der König nicht die Précaution gebraucht, hinter alle Brigaden Munitionswagen zu stellen, so wäre die Bataille mit viel größerer Beschwerde gewonnen, da der Mann bei einigen Bataillonen über 180 Patronen verschossen haben soll.«
Bedenken wir unter den Bedingungen dieses Ernstfalls eine Feuergeschwindigkeit von höchstens drei Schuß pro Minute, so können wir die Leistung der Grenadiere auch heute noch nur bewundern. Die Vorsorge, den Soldaten die Munition direkt nachzuführen, auch unter dem Risiko, daß die Wagen Treffer erhalten können, ermöglicht es den Preußen nun, sofort nach der Erstürmung des Dorfes den Kampf im Umfeld weiterzuführen.

Vom Windmühlenberg erhalten sie heftiges Artilleriefeuer, der Gegner unternimmt beherzte Gegenstöße und bringt vorübergehend einige preußische Bataillone zum Weichen. Außerhalb Leuthens stehen sich die Treffen im Infanteriefeuer gegenüber und die Preußen sind gezwungen, die entstandenen Lücken der ersten Treffen mit den zweiten aufzufüllen. Damit wird die Ordnung wiederhergestellt. Um kein Risiko mehr aufkommen zu lassen, beordert Friedrich, der von seinem Beobachtungsstand auf dem Wachberg alles übersieht, die bewährte Waffengattung des heutigen Tages vor Ort: die Artillerie. Schwere Batterien fahren am Abhang des Butterberges auf, mit ihnen die Brummer, andere gehen südlich Leuthen in Stellung. Die Lage ist insofern bedenklich, daß jetzt Infanterie-Reserven nicht mehr verfügbar sind; alle Regimenter stehen im Kampf, um die letzte Entscheidung herbeizuführen.

Bei den Österreichern jedoch gibt es Regimenter, die noch nicht in die Schlacht gekommen sind. Die neue Linie steht »hinter« Leuthen, von den Preußen aus gesehen und ihre Schwachstelle ist die unheilvolle Mischung zwischen erschütterten, demoralisierten Regimentern und jenen noch nicht eingesetzten. Auch ist es der österreichischen Führung noch immer nicht gelungen, die durch den Schwenk der Front verursachte Unordnung zu beseitigen. Die preußischen Bataillone, die Leuthen erstürmt haben, weden also neu geordnet, sie ergänzen ihre

So werden Legenden gemacht: Friedrich in der Schlacht von Leuthen. Der Künstler hat eine Gebirgslandschaft geschaffen, die dort nicht existiert. Zeichnung von H. Dähling.

Friedrich am Abend der Schlacht von Leuthen. Zeichnung von P. Haas.

Um 5 Uhr, der letzte Akt der Schlacht von Leuthen beginnt

Zum Abschluß des denkwürdigen Tages kommt es östlich und nordöstlich Leuthens zu einem ungeheuren Durcheinander. Im ersten Treffen stürmen 25 preußische Schwadronen heran, im zweiten weitere 15 von den Kürassieren, denen links schwenkend noch die Puttkammer-Husaren folgen. Die Wucht ihres Aufpralls sucht Lucchese durch einen Linksschwenk hinter die eigene Infanterie zu mindern, doch diese hat mit sich selbst genug zu tun, steht sie doch im laufenden Feuergefecht mit der preußischen Infanterie. Alles niederreitend »brausen« die preußischen Schwadronen in diese Zusammenballung von Truppen: Hier die Infanterie, schießend, ladend, schießend, mit dem Willen, den Preußen zu trotzen und Ordnung zu halten; dort, in ihrem Rücken und in den Flanken, Knäuel hauender, niederstechender Kavalleristen, die nun ihre Chance wahrnehmen, die bedrängten Infanteristen von hinten zu attackieren. Ehe die österreichische Kavallerie sich formieren kann, wird sie von den überaus draufgängerischen Bayreuth-Dragonern zusammengehauen. Andere preußische Schwadronen »widmen« sich den feindlichen Infanterielinien, die bisher den preußischen Frontalangriffen nicht weichen wollten. Schlachtteilnehmer Tempelhoff berichtet:
»...Das Dragonerregiment Bayreuth aber zog sich rechts und fiel ihr in die Flanke. Ob sie nun gleich dabei ein heftiges Kartätschenfeuer aushalten mußte, so warf sie doch die feindliche sogleich über den Haufen und schlug sie gänzlich aus dem Felde, so daß sie hernach nicht wieder zum Vorschein kam. Darauf hieb auch unsere Kavallerie in die österreichische Infanterie vom linken Flügel ein und machte ganze Bataillone gefangen. Der rechte Flügel ihrer Armee hatte kein besseres Schicksal.«

Die Entscheidung bringen schließlich die 30 Schwadronen der Reserve, die Generalleutnant Prinz Eugen von Württemberg heranführt. Im Generalstabswerk über die Schlacht von Leuthen wird hierüber kurz und knapp berichtet:
»Als der rechte österreichische Infanterieflügel die eigenen Reiterscharen, vermischt mit den Preußen, gegen sich heranstürmen sieht, reißt Panik ein; ganze Bataillone werfen die Gewehre von sich, und alles eilt dem schützenden Abschnitt der Weistritz zu.«
In der »Geschichte der preußischen Armee« von Jany steht:
»Die Bayreuth-Dragoner überflügelten die Österreicher links. Diese erhielten überdies Infanteriefeuer aus der Richtung von Groß Heidau, da Oberst von Angelelli mit den drei Freibataillonen und den Jägern von Borne aus vorgegangen war. Die Reitermasse stürmte in östlicher Richtung davon und brachte ihre Infanterie im Raum zwischen Leuthen und Frobelwitz in Verwirrung. Als diese die fliehenden Reiterscharen, verfolgt von den nachhauenden Preußen, auf sich zu-

kommen sah, riß eine Panik ein. Ganze Bataillone lösten sich auf. Wenige Regimenter, die noch standhielten, erlagen dem jetzt mit frischer Kraft erneuten Angriff der preußischen Infanterie aus Leuthen.«

Zusammenbruch

Dem rechten österreichischen Infanterieflügel, der nun zusammenbricht und heillos flüchtet, muß die Mitte und der linke Flügel folgen, als die preußischen Bataillone, wie mit neuer Kraft beseelt, zum letzten Angriff antreten. Von Süden her rücken sie an, machen mit Bajonett und Kolben alles nieder, was noch standhalten will und verhindern auch den Plan Karl von Lothringens, zwischen Frobelwitz und Lissa eine letzte Front aufzubauen. Zu spät, die Flüchtlingsströme, verfolgt von auf sie einschlagender Kavallerie, sind nicht mehr aufzuhalten und wollen nur noch das rettende Ufer der Weistritz erreichen. Auch den tapferen Verteidigern der Windmühlenhöhe geht es nicht anders. Von den Freibataillonen Angelellis und Bayreuth-Dragonern gleichzeitig angegriffen und regelrecht überritten, müssen sie flüchten oder sich gefangen geben. Das preußische Grenadier-Bataillon Schenkendorff erobert mit dem Bajonett die letzte österreichische Batterie - so schweigen auf dem Schlachtfeld selbst mit Sonnenuntergang die Waffen. Das »Generalstabswerk« beschließt die Schlacht von Leuthen, - was nun noch geschieht ist Verfolgung -, mit diesen Sätzen:

»Nun sinkt die Nacht über das grause Bild grenzenloser Auflösung, in der die Trümmer der geschlagenen Armee dem Lager zuströmen, das sie tags zuvor so zuversichtlich verlassen hatte, um der »Potsdamer Wachtparade« entgegenzuziehen. Das Artilleriefeuer des Verfolgers allein zeigt ihnen den Weg in der undurchdringlichen Finsternis. Viele Versprengte bleiben in den nächsten Dörfern jenseits der Weistritz liegen, andere ziehen es vor, sich auf dem diesseitigen Ufer den preußischen Husaren haufenweise zu ergeben.«

Einem unbekannten Augenzeugen sollen die letzten Zeilen zu diesem Tag gewidmet sein:

»Als wir hierauf ruhig durch das Dorf zogen und halt machten, hörte ich jemand in einer benachbarten Scheune winseln. Ich ging hinein und fand einen österreichischen Offizier, der tödlich verwundet war. Ich beklagte ihn und fragte, womit ich ihm dienen könnte. Allein ich bekam keine Antwort. Er blieb beständig in seinem klagenden Ton und ich hörte nichts als eine abwechselnde Wiederholung folgender Worte: »Ach, was wird die arme Frau sagen, die arme Frau, was wird sie sagen?« Er dachte also auf seine Art patriotisch...«

Dann berichtet der Soldat weiter:

»...Die Nacht machte zwar diesem Siegen ein Ende, wir hörten aber dennoch über Lissa ein beständiges Kanonieren...Gegen 7 Uhr rückte unsere Armee vorwärts gegen Lissa und hierauf fing sie von freien Stücken, soweit sie sich erstreckte an, das Lied »Nun danket alle Gott« und so weiter zu singen. Um diesen ungemein rührenden Anblick recht zu fühlen, müßten sie selbst ein Zeuge dieser Schlacht gewesen sein. Er preßte mir und unzähligen anderen Tränen aus, die durch die Bewegungen, die sie vorher gesehen und selbst gefühlt hatten, dazu vorbereitet waren. Sie setzten ihr Singen eine ganze Stunde unter beständigem Schall der Kanonen fort...«

Die Verluste in der Schlacht von Leuthen:

Von den Siegern fielen 59 Offiziere und 1.116 Soldaten, 164 Offiziere und 5.043 Soldaten wurden verwundet.
Von den Besiegten fielen 3.000 Mann, 6.000 bis 7.000 wurden verwundet, über 12.000 wurden gefangen.
Die Sieger erbeuteten 131 Kanonen, 46 Fahnen und 9 Standarten.

Verlustliste

der Preußischen Armee in der Schlacht bei Leuthen am 5ten Dezember 1757.

Truppenteile	Tot, infolge Verwundung gestorben oder vermißt			Verwundet			Summe		
	Offiziere	Mannschaften	Pferde	Offiziere	Mannschaften	Pferde	Offiziere	Mannschaften	Pferde
Generalität	1	—	—	4	—	—	5	—	—
Infanterie.									
Gren. Bat. Kahlden	—	2	—	—	3	—	—	5	—
= = Kleist	1	22	—	1	23	—	2	45	—
= = Heyden	—	7	—	—	28	—	—	35	—
= = Ploetz	2	5	—	3	29	—	5	34	—
= = Dieringshofen	1	8	—	4	64	—	5	72	—
= = Manteuffel	2	15	—	—	14	—	2	29	—
= = Wedel	—	6	—	1	21	—	1	27	—
= = Kremzow	1	11	—	5	150	—	6	161	—
= = Unruh	1	31	—	4	68	—	5	99	—
= = Hacke	1	11	—	—	82	—	1	93	—
= = Ostenreich	1	27	—	1	54	—	2	81	—
= = Schenckendorff	—	7	—	—	21	—	—	28	—

Truppenteile	Tot, infolge Verwundung gestorben oder vermißt			Verwundet			Summe		
	Offiziere	Mannschaften	Pferde	Offiziere	Mannschaften	Pferde	Offiziere	Mannschaften	Pferde
Gren. Garde-Bat. Retzow	1	35	—	3	153	—	4	188	—
II. u. III. Bat. Garde	3	72	—	14	429	—	17	501	—
Inf. Regt. Kalckstein	1	23	—	3	53	—	4	76	—
„ „ Markgraf Karl	4	60	—	15	628	—	19	688	—
„ „ Prinz von Preußen	1	41	—	1	46	—	2	87	—
„ „ Alt-Braunschweig	3	28	—	8	226	—	11	254	—
„ „ Meyerinck	2	76	—	8	378	—	10	454	—
„ „ Forcade	1	26	—	6	255	—	7	281	—
„ „ Winterfeldt	2	22	—	1	56	—	3	78	—
„ „ Prinz Ferdinand		5	—	2	42	—	2	47	—
„ „ Kannacher		48	—	8	269	—	8	317	
Inf. Regt. Bornstedt	1	3	—	1	16	—	2	19	—
„ „ Asseburg	1	—	—	—	—	—	1	—	—
„ „ Itzenplitz	1	39	—	4	234	—	5	273	—
„ „ Geist	2	44	—	8	240	—	10	284	—
„ „ Pannwitz	4	32	—	12	677	—	16	709	—
Füs. Regt. Münchow	3	103	—	15	243	—	18	346	—
„ „ Prinz Heinrich	—	4	—	—	—	—	—	4	—
„ „ Jung-Braunschweig	—	20	—	4	122	—	4	142	—
I. Bat. Füs. Regts. Alt-Württemberg	4	14	—	7	84	—	11	98	—
I. „ „ „ Kurßell	—	24	—	4	60	—	4	84	—
Kavallerie.									
Gardes du Korps	—	14	31	—	16	10	—	30	41
Regt. Gensd'armes	1	27	40		15	11	1	42	51
Leibregt. Karabiniers	—	9	29	—	15	5	—	24	34
Kür. Regt. Geßler	3	18	60	1	28	—	4	46	60
„ „ Markgraf Friedrich	—	29	66	6	21	8	6	50	74
„ „ Kyau	—	4	5	—	5	2	—	9	7
„ „ Prinz Schönaich	1	16	28	1	13	10	2	29	38
„ „ Seydlitz	—	14	53	1	18	20	1	32	73
„ „ Driesen	—	3	19	—	6	8	—	9	27
„ „ Krockow	1	19	37	1	19	—	2	38	37
„ „ Baron Schönaich	—	12	22	1	3	6	1	15	28
Drag. Regt. Bayreuth	—	24	53	3	41	29	3	65	82
„ „ Württemberg	—	—	4	—	—	—	—	—	4
„ „ Normann	1	17	28	—	9	11	1	26	39
„ „ Stechow	2	9	97	—	17	12	2	26	109
„ „ Krockow	2	20	106	3	41	30	5	61	136
„ „ Czettritz	—	10	28	—	8	—	—	18	28
Feldartillerie.									
Feldart.-Regt.	3	—	—	—	—	—	3	—	—
Im ganzen	59	1116	706	164	5043	162	223	6159	868

AUGENZEUGEN UND ZEITGENOSSEN BERICHTEN

Johann Wilhelm von Archenholtz, Jahrgang 1743, Verfasser einer »Geschichte des Siebenjährigen Krieges in Deutschland«:
»Nie zog ein Krieg in Europa die Aufmerksamkeit und Teilnahme entfernter Nationen mehr auf sich, als der gegenwärtige. Es war dabei merkwürdig, daß teils die Bewunderung der Taten Friedrichs, teils die natürliche Neigung der Menschen, bei einem ungleichen Kampf sich für den Schwächeren zu interessieren, Preußen allenthalben Anhänger erwarben, und dies in Ländern, wo man sich zuvor um diese Monarchie gar nicht gekümmert hatte und ihre Existenz nur aus der Geographie kannte... Es war am 5. Dezember 1757, als bei dem Dorf Leuthen ein Sieg, der der größte des Jahrhunderts bleiben sollte, geliefert wurde. Die Preußen waren 35.000, die Österreicher 65.000 Mann stark. Diese voll Vertrauen auf ihre gewaltige Macht, auf ihr riesenhaftes Bündnis und auf den Besitz des schon halb eroberten Schlesiens; die Preußen aber voll Zuversicht auf ihre taktischen Künste und auf ihren großen Anführer. Bei der einen Armee herrschte Überfluß, durch die Magazine in Breslau, durch die ungehinderten Zufuhren aus Böhmen unterstützt, bei der anderen war Mangel an vielen Bedürfnissen. Die eine hatte lange Ruhe genossen, die andere Kraft und Mut gestählt durch angestrengte Märsche in rauher Witterung und war bis zur Begeisterung gestimmt... Bei Kolin war es nicht Kriegskunst noch Tapferkeit, sondern die eisenspeienden Geschütze, auf unzugängliche Höhen gestellt, die großenteils das Schicksal des Tages bestimmten; bei Leuthen aber entschieden Taktik und Tapferkeit allein den Sieg.«
Ernst Friedrich Rudolf von Barsewisch, Jahrgang 1737, war Teilnehmer der Schlacht von Leuthen und hinterließ »Meine Kriegserlebnisse in den Jahren 1757 bis 1763«:
»...Man kann sich nichts vortrefflicheres und reguläreres in der Welt vorstellen als den Anblick von dieser kleinen Anhöhe, voran die ganze Kaiserliche Armee, über deren Menge das forschende Auge ermüdet, und hinter uns, die Fronte gegen den Feind, die ganze preußische Armee in besagter Schlachtordnung. Unsere Armee avancierte mit klingendem Spiel en parade. Die Ordnung war ebenso vortrefflich als irgends bei einer Revue zu Berlin; die Armee bewegte sich unter den Augen ihres großen Monarchen. Er selbst hatte mir vor meinen Teil mein Point de vue (Richtungspunkt) gegeben. Sobald als Marsch kommandiert ward, avancierte ich gerade auf den Verhack zu; es war soeben einhalb ein Uhr. Wir hatten bei jedem Bataillon zwei Feldstücken, welche wie gewöhnlich auf dem

Flügel derer Bataillons durch Artilleristen geführt mitavancierten... Zu der Zeit hatten Se. Majestät der König das Dorf Leuthen von vorn mit dem ersten und zweiten Treffen so mutig angegriffen, daß wenige von denen Feinden des ersten Treffens ihr Leben aus dem hohlen Weg, darinnen sie sich aufgestellt und den sie verteidigten, davon trugen... Es war eine Schlacht, wie noch niemals unsere Armee gegen die Kaiserliche Armee gewonnen hatte, und wie sie vielleicht überhaupt in Jahrhunderten nicht wieder vorkommt. Die ganze feindliche Armee war zersprengt, von allen Regimentern befanden sich Gefangene in unseren Händen, all ihr Geschütz und viele ihrer Ehrenzeichen hatten sie in wenigen Stunden verloren. Die einbrechende Nacht bei denen kurzen Dezembertagen war das Glück der fliehenden Feinde. Wie zählten den anderen Morgen 22.000 Gefangene, zwei Generals und 600 Offiziers, 130 Kanonen und viele Fahnen, Standarten und Pauken; 4.000 Wagen mit Geld, Brot, Montierungsstücken und Zelter wurden unter der Beute gezählt.«

Georg Friedrich von Tempelhoff, Jahrgang 1737, hat den Krieg als Artillerist mitgemacht und schrieb das sechsbändige Werk »Geschichte des Siebenjährigen Krieges in Deutschland«:

»...Besitzt der Fürst überdies die Eigenschaften eines vollkommenen Heerführers und großen Mannes, so läßt sich im militärischen Fach fast nichts Großes, Erhabenes und Außerordentliches denken, was er nicht mit aller Hoffnung eines glücklichen Erfolges unternehmen könnte. In diesem Fall befanden sich die Preußen. Ihr Anführer war ein König, war ein militärisches Genie, das seit Jahrhunderten und vielleicht nie seinesgleichen gehabt hat, und die Armee, mit der er so erstaunliche Dinge ausführte, von ihm selbst gebildet, das Muster aller übrigen... Während des Angriffs der Avantgarde avancierte die Armee und zog sich dabei immer rechts, und da die Avantgarde eben dieses tat, so wurde der Feind beständig überflügelt, und zu gleicher Zeit kamen ihm die sechs ersten Bataillons von der Avantgarde immer in den Rücken... Auf diese Art wurden alle Truppen, die der Feind zur Unterstützung seines linken Flügels abschickte, allemal in dem Augenblick geschlagen, da sie sich formieren wollten... Hier (in Leuthen) entstand also das fürchterlichste, mörderischeste Infanteriegefecht, das man sich denken kann. Der Feind wehrte sich mit einer außerordentlichen Hartnäckigkeit... Endlich drang die Garde unter Anführung des jetzigen Generalleutnants Möllendorff, der damals der älteste der Kapitäne war, mit einer unwiderstehlichen Bravour ein und zwang den Feind es zu verlassen... Wenn man einen Blick auf den Plan dieser Schlacht wirft, so wird man leicht gewahr, daß der König die Armee dergestalt aufmarschieren ließ, daß sie mit der Fronte der feindlichen einen Winkel machte. Dieses ist die schräge Stellung, die nach dem Urteil aller über ihr Fach nachdenkenden Generale und militärischer Schriftsteller vom ersten Rang der Schlüssel zum Sieg sein soll...«

Johann Georg Sulzer, Jahrgang 1720, Schweizer, Philosoph und Professor am Joachimsthalschen Gymnasium zu Berlin, in einem Brief vom 27. Dezember 1757 an Johann Jakob Bodmer, Professor in Zürich:

»Die näheren Nachrichten zeigen, daß der Sieg vom 5. dieses Monats der größte und nützlichste ist, den unser Held jemals erfochten hat... Die unüberwindliche Standhaftigkeit des Königs konnte allein durch das große Exempel diese ermüdete und des Schlagens überdrüssige Armee beim Mut erhalten. In diesen Wintertagen lagerte sich der König wie ein gemeiner Soldat unter freiem Himmel, wärmte sich am Feuer und machte hernach den herumstehenden Soldaten Platz, sich an demselben Feuer zu wärmen...«

Johann Caspar Schiller, der Vater des großen Dichters, war auf der österreichischen Seite mit von der Partie:
»...Allein nach etwa vierzehn Tagen, als 1757, den 5. Dezember, ging eine weit entscheidendere Bataille zwischen diesen beiden Heeren unterhalb Breslau bei Leuthen vor sich zum größten Nachteil der kaiserlichen Waffen. Die württembergischen, bayerischen und würzburgischen Truppen hatten den linken Flügel, der vom König selbst angegriffen und hierauf Strecke von Strecke die ganze kaiserliche Armee bis Breslau zurückgeschlagen wurde. Ich verlor mein Pferd, mußte mich mit anderen zu Fuß retirieren und hätte beinahe des Morgens um ein Uhr vor den Festungswerken Breslaus mein Leben eingebüßt... Nach der unglücklichen Schlacht bei Lissa mußte unsere Armee zehn Tage lang bei Schweidnitz ohne Zelte unter freiem Himmel stehen.«

Fürst Charles Joseph de Ligne, Jahrgang 1735, Tagebuchschreiber und damals Hauptmann in der österreichischen, der kaiserlichen Armee, berichtet:
»Man schrie nach der Reserve und daß sie so geschwind als möglich marschiren solle; wir liefen so sehr wir konnten. Mein Obristlieutnant blieb gleich anfänglich; überdem verlor ich meinen Major und alle Offiziers außer dreien nebst elf oder zwölf Volontairs oder Kadets. Schon waren wir über zwei Gräben hinweg, die sich links der Leuthener Häuser in einem Baumgarten befanden, und fingen schon an, uns vor dem Dorfe zu formiren. Aber es war nicht auszuhalten. Außer einer Kanonade, die man sich schwerlich vorstellen kann, regnete es Kartätschenkugeln auf das Bataillon... und das dritte Bataillon der königl. Garde, welches schon verschiedene unserer Regimenter die Musterung hatte passieren lassen, gab in einer Entfernung von 80 Schritt das lebhafteste Feuer auf uns. Es stand wie beim Exerzieren und erwartete uns, ohne sich zu rühren.«

Von Cogniazo schildert seine Schlachterlebnisse:
»Während dieser Illusion (das Täuschungsmanöver), die unsere Schlachtordnung schon in Art von Wirrwarr brachte, zog sich der König mit der ganzen Ar-

mee rechts und führte seinen rechten Flügel, indem er den linken refüsirte, gegen das Nadasdysche Corps. Nadasdy, der natürlicher Weise vermöge seiner Stellung bey Sagschütz mehr à portée war, die wahren Bewegungen und Anstalten des Königs zu bemerken, als Luchesi auf dem rechten Flügel, ließ daher den Prinzen Karl durch mehr als 10 an ihn abgeschickte Officiers von der dem linken Flügel der Armee bevorstehenden wirklichen Gefahr unterrichten...«

Nach der Schilderung, warum Nadasdy kein Gehör fand, geht es im Bericht weiter:

»Statt dessen begnügten wir uns von Frühmorgens bis gegen Mittag über den Marsch des Feindes zu spekuliren und Beobachter seiner Anstalten in der Ferne zu seyn; ja da er bis dahin gegen unsre Front oder Flanken noch nichts unternommen hatte; so zweifelten sogar einige Generale, ab es den Tag zu einer Feldschlacht kommen; oder der König seinen Marsch weiter fortsetzen, und, wie sie glaubten, um der Armee die Communication mit Böhmen abzuschneiden... Nachmittag gegen 1 Uhr hatte sich der Feind unsrer linken Flanke genähert und das Nadasdysche Corps ohne vieler Mühen über den Haufen geworfen... Es ist nicht ohne, daß diese Truppen keinen sonderlichen Widerstand gethan hatten... Es ist außer allem Zweifel, daß der König, sogleich er mittels der schrägen Stellung seiner Armee, die mit der unsrigen einen Winkel machte, die Flanke gewonnen hatte, auch Meister vom Schlachtfelde war. Der Sieg war eigentlich schon in der ersten Stunde des Treffens entschieden und man muß gestehen, daß nie ein Feldherr mit größerem Rechte, als Friedrich am 5ten November bey Roßbach, und 4 Wochen darauf am 5ten December bey Leuthen das Veni, Vidi, Vici des Cäsars erreicht habe.«

Wir haben unseren Fahnenjunker von Barsewisch allein gelassen, als er »für Todt zur Erde fiel«. Aber er wird gefunden und gerettet - ein Glücksfall für einen Verwundeten damals:

»Ich mochte wohl eine gute Stunde auf der Stelle, da ich vor todt niederstürzte, von einer Musqueten Kugel im Halse getroffen, gelegen haben, als ein Tambour vom Regiment mir anfaßte und riff »Junker leben Sie oder seint sie todt?« So wie mir der Tambour einige Male angerührt hatte und mich umgedrehet, denn ich lag wie ich beim avanciren niedergestürzt war auf dem Gesicht, sagte ich mit großer Mühe, ich wüßte nicht was mir fehlte. Nun faßte er mir bei der Hand und sagte: »stehen Sie auf, hier können sie noch follens todtgeschossen werden.« Indem ich mir aufrichtete, stürzte mir das Blut hauffenweise aus dem Halse und nun fiel ich von neuem nieder, aber der brave Tambour machte mir gleich die Halsbinde loß und halff mir auf die Füße und sagte: »Junker, kommen Sie, wir wollen uns hinter der Schantze setzen und dortten will ich Ihnen Ihre Wunde verbinden...«

Der noch einmal davongekommene von Barsewisch ist es auch, der uns Einblick in das Schicksal Verwundeter, der »Blessierten« gibt. Bekanntlich mußten ja

noch viele Schlachten stattfinden und einige Jahrzehnte vergehen, bis die Versorgung Verwundeter zum allgemeinen Anliegen wurde.
»Den anderen Tag nach der Bataille erfuhren wir die föllige Gewißheit von der großen Victoria und nun traffen außerordentlich viel Blessierte unausgesetzt ein, zu erst von unserer und nachher von der Kayserlichen Armee beynahe acht Tage lang. Nun erkannten wir erst recht, waß es vor eine große Gnade des treuen Gottes vor uns war, daß wir eine eigene Stube und einen geschickten Arzt bey uns auf der Stube hatten, denn es waren in und um Neumark biß einige 20 tausend Mann von beyden Armeen an Blessirten und gab viel und großes Elend überall. Es wurden die Kayserlichen Blessirten in die Schul Gebäude, die Kirchen und Klöster vertheilt, und dem ohnerachtet blieben noch viele übrig, so in Ställe und Scheunen und vor denen Häusern unter dem Schwieb Bogen ihr Lager aufschlagen mußten, um vor der heftigen Kälte und vor dem fallenden Schnee etwas in Sicherheit zu sein. Se. Majestät der König waren so gleich so gnädig und ließen die Veranstaltung treffen, daß von allen Orten Chirurgen und Pflege vor die Blessirten und Kranke nebst dem ganzen Feld Lazareth herbey geschafft wurden und daß es nicht an Zufuhr und Lebensmitteln fehlte. Die Kayserlichen Blessirten wurden allein an 15 Tausend geschätzet...«

Fürst de Ligne hat auch über den 6. Dezember berichtet, als sich im Dorf Gräbschen bei Breslau Karl von Lothringen, Leopold Daun und ihre Generale und Offiziere wiedertrafen:
»Der eine sah aus, als wollte er sagen: »Das hätte ich nicht gedacht.« Der andere dagegen als »Ich habs vorausgesagt.« Von hier gingen wir nach Klettendorf und wollten sehen, ob denn kein Mittel wäre, die Armee anzutreffen. Man hätte meinen sollen, sie wäre gänzlich verschwunden. Wahr ist es, wenn es damals noch eine gab, so konnte sie nur sehr schwach sein, und noch gegen 11 Uhr sah man fast gar nichts davon. Alle Augenblicke wurde gemeldet, daß preußische Husaren über die Lohe gegangen wären und wir von neuem angegriffen würden. Ich war mit dem Herzog bei Nadasdy, der alle Geduld verloren hatte. Man wußte nicht, was man tun sollte...«

General Lloyd urteilt so:
»...Es war gleichfalls ein Hauptfehler, die Hülfstruppen, die nie einen Feind gesehen hatten, an die Flanke zu stellen. Wenn sie ihre leichten Truppen und acht oder zehn Bataillone Österreicher von Nadasdys Corps unterstützt und den ganzen linken Flügel in den Wald gestellt, vor das Dorf Sagschütz, und ihr Centrum und den rechten Flügel vorrücken und des Feindes linken Flügel attaquiren lassen, so glaube ich, sie würden den Sieg davongetragen haben... Des Königs Verhalten gründete sich auf die erhabensten Grundsätze des Krieges. Ohngeachtet seine Armee viel geringer war als die feindliche, so brachte er doch durch Hülfe vorzüglicher Manoeuvres mehr Leute in das Treffen, an den Ort wor der Haupt-

angriff war, als sie, welches entschieden ist, wenn die Truppen an Güte einander fast gleich sind... Wenn das Terrain, entweder seiner Beschaffenheit selbst nach, oder wegen der Aufmerksamkeit des Feindes nicht erlaubt, daß sie ihre Bewegungen verstecken, so wird mehr Leichtigkeit im Manoeuvriren, die sie ihre Truppen gelehrt haben, eben den Endzweck befördern, und sie gleichfalls in den Stand setzen, mehrere Leute in das Gefecht auf den vornehmsten Ort des Angriffs zu bringen als der Feind...«

DIE VERFOLGUNG DES GEGNERS

»Bursche, ihr dürft nicht naß werden, ihr habt euch heute besonders hervorgetan, tretet in die Gebäude, da werdet ihr Schutz finden vor dem Schneewetter.«

Trotz dieser menschenfreundlichen Worte, die Friedrich in der Nacht vom 5. auf den 6. Dezember an die Soldaten eines verdienten Regiments richtet, ist er mit aller Macht bestrebt, den geschlagenen Feind zu verfolgen. Es geht in diesem Krieg nicht nur um das Behaupten von Schlachtfeldern, sondern um Vernichtung der Heere, ihre Zerstreuung in alle Winde, Beutemachen und Demoralisierung der Soldaten und Offiziere.

Die Tage im Winter sind eigentlich zu kurz zum Schlachtenschlagen und eine früh hereinbrechende Nacht ist immer zum Vorteil des Verlierers. Hiervon profitiert jetzt die österreichische Armee, deren Trümmer in voller Auflösung der böhmischen Grenze zuhasten. Kaum vorstellbar, was ihr in einer Sommerschlacht unter gleichen Bedingungen widerfahren wäre. Friedrich selbst setzt sich an diesem Abend an die Spitze der Verfolger, denn er möchte verhindern, daß der Gegner sich hinter der Weistritz festsetzt und neuen Widerstand leistet. Vor der Front der haltenden Truppen reitend fragt er, ob noch jemand Lust habe, ihm bis Lissa zu folgen. Mit drei Grenadierbataillonen und den Seydlitz-Kürassieren bricht er gegen 6 Uhr auf, und daß er richtig handelt beweist der Umstand, daß Lissa mittels der mitgeführten Artillerie genommen werden muß. Die beiden Brücken östlich Lissas versuchen die Österreicher zu halten, müssen aber den nachdrängenden Preußen weichen. Um etwaige Ambitionen gar nicht erst aufkommen zu lassen, befiehlt Friedrich das Abschießen von Kanonen die ganze Nacht hindurch, aber der Gegner ist endgültig zurückgewichen. Der Hauptteil der preußischen Armee zieht inzwischen unter dem Absingen des Chorals »Nun danket alle Gott« dem König nach, der im Schloß zu Lissa Quartier genommen hat.

»Dieser Tag wird den Ruhm Ihres Namens und den der Nation auf die späteste Nachwelt bringen.«

Friedrich und Zieten nach der Schlacht von Leuthen auf dem Wege nach Lissa.

Das Schloß zu Lissa nach einem alten Stich.

Prophetische Worte, gerichtet an die Getreuen des heutigen Kampfes, Fürst Moritz von Anhalt, die Generale Zieten, Driesen, andere und sein Bruder Ferdinand. Fürst Moritz war noch auf dem Schlachtfeld zum Feldmarschall befördert worden.

Das Tagebuch des Bataillons von Wedell schildert in der Sprache der Zeit die Vorgänge in Lissa:
»Die Sonne war schon untergegangen, als sich die Linie formirte und haltmachte... Der König kam die Linie herauf geritten und sagte, es möchten ihm noch einige Bataillons, so Lust hätten, bis Lissa folgen; das Bataillon Manteufell, Wedell und Bornstedt rückten noch diesen Abendt in Lissa ein. Und der König war schon auf dem Schlosse, als wir einmarschirten und noch aus allen Häusern von den verstochenen Oesterreichischen Blessirten Feuer bekamen; es wurde aber Ordre gegeben, daß wir Grenadirs in die Häuser schicken und alles niedermachen laßen solten, die Brücken auf der Breslauschen Seite wurden mit 2 Canonen und einer starcken Wacht besetzt und über dem Schweidnitzschen Wasser hielten ein Piquet von Husaren. Da der König mit denen Generals, so gegenwärtig waren, abgespeiset hatte, kam er mit einer vergnügten Miene in das Zimmer getreten, wo die Parole ausgegeben werden solte. Die Stabsofficirs gingen an Ihm heran, um Ihn zu gratuliren. Seine erste Antwort war, nach so einer gethanen Arbeit kann man wohl etwas ruhig sein. Er bedanckte sich in den gnädigsten Ausdrücken gegen alle Generals, Stabsofficirs und sämtlichen Officirs für den Eifer, den sie am heutigen Tag abermals bewiesen hätten. Welches sowohl Ihm, als einen jeden unter uns einen unsterblichen Ruhm machen würde. Er seinestheils würde nie vergeßen, und einen jeden nach Möglichkeit recompansiren. Auch erkundigte er sich beyläuffig, was die Regimenter verlohren haben möchten, und befahl, daß vor (für) die Blessirten alle mögliche Sorge getragen werden solte.«

Während des Zugs nach Lissa beorderte Friedrich den Wirt von Saara an seine Seite, um ihn über die Österreicher auszuforschen. Und dies in seiner »gnädigen« Art, die er einfachen Leuten gegenüber gern zeigte. Es entspann sich folgender Dialog:
»Ihr habt wohl auch viel ausgestanden?«
»Ach Ihr Exzellenz, was wollte ich nicht! Seit 48 Stunden, daß de Österreicher übers Schweidnitzer Wasser gekommen sind, ist's in meinem Hause so vull gewesen, daß ke Apfel zur Erde konnte. Da han se mich angetrieben, daß ich's kaum schaffen konnte, und da hatten se soviel Gesindel um sich, de han mich nu recht gequält, fast han se mich ausgeplündert.«
»Das tut mir recht sehr leid. Kamen auch Generale in Euer Haus? Was sagten sie denn? Erzählt es mir doch.«
»I nu so gerne Ihr Exzellenz, sinder gestern Mittag hab ich den Prinz Karl in

meiner Stube und seine Adjutanten mitsammen haußen im Hause gehabt. Da war ein Gefrage und Geschicke, hundert kamen geritten und hundert wurden wieder weggeschickt, und so gingen se aus und ai, die ganze Nacht. Wie bald eener weg war, kamen zehn andere wieder. Ich mußte immer Feuer in der Küche halten, u de vielen Offiziers drängten sich heran, um sich zu wärmen. Da gagerten se nu hin u her. Eener sagte: Da käme nu unser König mit seiner Potsdamschen Wachtparade. Eener sagte wieder: Oach, se trauen sich holters nicht zu kommen! Se laafen, lassen wir sie holters laafen! Aber das freet mich, daß se unse König diesen Nachmittag vor ihr dummes Spotten so boar bezahlt hat.«
»Wann seid Ihr denn Euren hohen Gast losgeworden?«
»I nu so gern Ihr Exzellenz, heut Vormittag ungefähr 9 setzte sich der Prinz zu Pferde, und schon hint Nachmittag, so um draie, kam er hier mit annem großen Schwarm Offiziers wieder zurück, und immer im starken Trab vorbei nach Lissa. Da waren se so trotzig hergekommen, u nu gings rückwärts den Damm längs herauf, daß sich keener umsah. Da merkt ich gleich Unrat. Und nach ihm dauerte der Zug, immer so breit der Damm war, bis vor ungefähr anne gute Stunde, da hoatts denn an Ende. Nichts war in Ordnung, Reuter und Musketierer, das alles lief durchananander. Unser König mußte se jämmerlich gehuscht han. Aber unser Herr Goth steht dem kleenen Haufen bei, und das han se nu vor ihrem Hochmut und ihre Lästerungen. Denn Ihr Exzellenz, de österreichischen Offiziers sagten och: Unser König werde scho von seinen ersten Generals und Verwandten verlassen, und se wären vosammen gegangen, was ich doch nimmer und in Ewigkeit glooben kann.«
»Ihr habt recht, so was kann man von meiner Armee nicht glauben.«
Erst jetzt erkannte der Wirt seinen Gast.
»Mei Goht, so sind se wohl gar unser gnädigster König, und ich bitte ja recht schön um Vergebung, wenn ich in meiner Einfalt was erzählt habe, was sich nicht schickte.«
»Nein, Ihr seid ein ehrlicher Mann.«
Mit dem schlesischen Dialekt kommt Friedrich noch einmal in Berührung, als diesseits der Weistritz ergriffene Österreicher verhört werden:
»Drüben jenseits der Bruck'n stünde a'n Hauptmann mit etwa 150 Mann, der hätte holters den Befehl, die Bruck'n mit Stroh zu bewerfen und, sobald die Preußen kommen, die Bruck'n zu verbrennen. Nun hätten sie zwar schon amol die Bruck'n mit Stroh belegt, allein es wären jetzt noch so viele von ihren Leuten darüber gegangen, daß sie es bei dem Kot ganz zertreten hätten. Der Hauptmann habe daher das Stroh ins Wasser werfen lassen, und 40 Mann nach dem Dorf befehligt, damit jeder in der nächsten Rundschaft a Borden Stroh zurecht mache.«
Es waren ja gerade die Brücken, die Friedrich unversehrt in die Hand bekommen wollte, sollte die Verfolgung des Gegners am nächsten Tag unverzüglich aufgenommen werden.

Mehr als Friedrich zu hoffen wagen konnte, setzte sich der Rückzug der Österreicher in der Nacht fort. Die Armee war demoralisiert und gehorchte nicht mehr allen Befehlen. Tatsächlich lauteten die Befehle, an den Brücken der Weistritz halt zu machen und den Feind für den morgigen Tag zu stoppen, damit der Rückzug nicht in eine heillose Flucht ausarte. Doch die Soldaten drängten in das Lager hinter der Lohe, am anderen Morgen wurden große Teile von ihnen gefangengenommen. Karl von Lothringen und Graf Daun befürchteten, wenn es so weiterginge, von der Rückzugslinie nach Schweidnitz abgeschnitten zu werden. Dann machten beide den Fehler, starke Kontingente der geschlagenen Armee nach Breslau hineinzulegen.
Hans Joachim von Zieten wurde mit der weiträumigen Verfolgung der Österreicher beauftragt. Bereits um 5 Uhr am Morgen des 6. Dezember brach er mit neuneinhalb Bataillonen, 63 Schwadronen, 12 Kanonen und vier Brückenwagen auf. Um 10 Uhr ging er kämpfend über die Lohe und drückte den Feind nach einer Kanonade weiter zurück. Insgesamt kann aber gesagt werden, daß die Vernichtung der feindlichen Armee nicht mehr gelang. Zwar brachten die ausschwärmenden preußischen Husaren aus den umliegenden Dörfern jede Menge Gefangene ein, auch viel wertvolles Kriegsmaterial wie Bagage- und Munitionswagen, aber eine Entscheidung fiel nicht mehr. Zieten rackerte sich wie ein Berserker ab, um seinen Herrn zufriedenzustellen, was ihm nicht gelingen konnte. Schriftlich drängte Friedrich ihn zu immer größeren Anstrengungen, ohne Rücksicht aufs miserable Wetter und die totale Erschöpfung von Soldat und Pferd:
»Ich rekommandire Euch sehr, den Feind beileibe nicht still stehn noch die Zeit zu lassen sich zu recolligiren; und ob Ich zwar wohl glaube, daß Eure Leute müde und etwas fatiguirt sind, so kann es doch gegenwärtig nicht anders ein, und müsset Ihr bedenken, daß der Feind noch weit müder und fatiguirter sein muß, daher Ihr ihn dann nicht eher ruhen und verlassen, vielmehr immer poussiren und verfolgen müsset, bis daß Ihr solchen in den Gebirgen sehet. Ein Tag Fatigue bei diesen Umständen, mein lieber Zieten, bringt uns in der Folge hundert Ruhetage. Also nur immer im Sattel, nur immer dem Feinde auf die Hacken.«
Nachdem die Preußen die Nacht zum 7. Dezember in Lagern und Orten beiderseits der Lohe verbracht hatten, mit dem Hauptquartier in Neukirch, machte sich Zieten früh am nächsten Morgen mit elfeinhalb Bataillonen und 63 Schwadronen zur weiteren Verfolgung des Gegners auf. Friedrich überschritt ebenfalls an diesem Tag die Lohe und schloß Breslau auf dem linken Oderufer ein. Er verfügte am 8. Dezember über 32 Bataillone und 48 Schwadronen. Er versuchte den Handstreich, seine Kavallerie drang in die Vorstädte Breslaus ein und machte zahlreiche Gefangene, mußte sich aber wieder zurückziehen. Als Friedrich Zieten weiterhin bedrängt und unbarmherzig zur Eile treibt, bekommt er von ihm am 18. Dezember aus Neudorf folgende Antwort:
»Ungeachtet ich mir bei meinem Hiersein vorgenommen hatte, die im Gebirge

Friedrich und Zieten. Zeichnung von Anton Hoffmann.

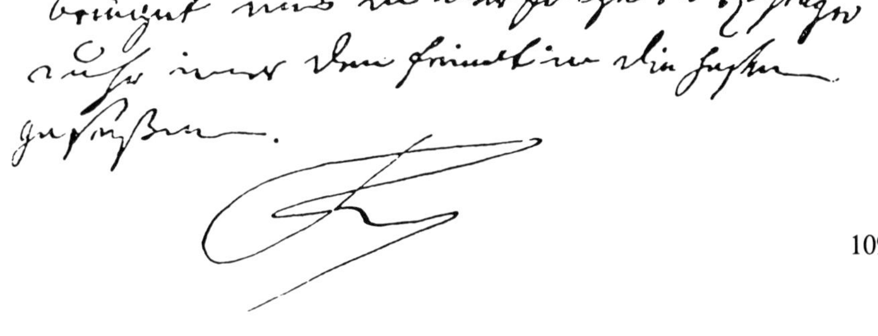

Ein Tag fatigue in dießen umbständen Mein lieber Zieten bringet uns in der folge 10 Rustage auß wen dem feindte die haken gewießen.

konnte Friedrich gut gebrauchen. Der Haupterfolg des Sieges von Leuthen war also die Befreiung Schlesiens, womit einesteils dem Feind eine dortige Überwinterung verwehrt wurde, andernteils man selbst dort bleiben konnte. Will man die damalige Kriegführung verstehen und begreifen, muß man sich immer wieder in Erinnerung rufen, daß Winterfeldzüge unüblich waren, jede Kriegspartei aber bestrebt sein mußte, in Feindesland zu überwintern - gerade Friedrich, der arme preußisch-brandenburgische Schlucker, hat dies konsequent zu verfolgen gesucht.

Daß Karl von Lothringen nach seiner Niederlage abtreten mußte, war kein Gewinn für Friedrich, weil nun der wesentlich fähigere Daun Maria Theresias erster militärischer Mann wurde. Nadasdy ging nach vielen internen Querelen mehr oder weniger freiwillig nach Hause - mit diesem tüchtigen Soldaten brauchte Friedrich nicht mehr zu rechnen. Das »Generalstabswerk« bewertet Friedrichs Sieg so:
»Bedeutete der Sieg von Leuthen die Wiedergewinnung Schlesiens, so war der ideale Gewinn ebenso groß. Der Sieg von Roßbach hatte die Zuversicht der preußischen Armee aufs neue gehoben; der von Leuthen begründete den nicht mehr zu erschütternden Glauben an die Unüberwindlichkeit ihres königlichen Führers. Für alle Zukunft blieb von nun ab auch in den schlimmsten Lagen die feste Hoffnung, er werde sich ebenso wieder emporraffen wie 1757 aus der Nacht des Unglücks. Die Gegner aber sollte fortan auch in glücklichen Tagen niemals die Furcht vor einem neuen Leuthen verlassen...«

Aus Briefen und anderen Aufzeichnungen wissen wir um die Niedergeschlagenheit an den Höfen, wenn die Nachrichten über Niederlagen eintrafen. Der venetianische Botschafter Ruzzini in Wien schrieb:
»Der Schmerz und der panische Schrecken ist auf jedem Gesicht zu lesen, und viel größer ist jetzt die allgemeine Verwirrung als sie im vergangenen Mai nach der Prager Schlacht war.«

Im nüchtern und kalt rechnenden London stiegen Friedrichs Aktien plötzlich auf Höchstkurse, auf der Straße rissen sich die Leute um die Zeitungen mit den Siegesmeldungen. So meinten denn die Briten, Friedrich müsse weiterhin unterstützt werden, und die begehrten Subsidien flossen wieder von der Insel in Friedrichs Kriegskasse. Dies ermöglichte der Sieg von Leuthen. Und noch etwas, das im Zuge der »östlichen« Schlachten leicht übersehen wird: Auch im Westen konnte Preußen die Kriegslage wenden...

DAS ECHO DER SCHLACHT

Der Jubel von Friedrichs Anhängern gipfelte in einem Gedicht von Johann Wilhelm Ludwig Gleim in den »Preußischen Kriegsliedern«, gerichtet an die Verliererin:

»Heldin, den bezwingst du nicht!
Gott kann Wunder tun!
Schenk ihm Freundesangesicht,
bitte Frieden nun!«

Friedrich selbst ist der bescheidenste von allen, wie er in einem Brief an den Marquis d'Argens beweist:
»...mit Alexander verglichen bin ich nur ein alberner Knabe und fühle mich nicht wert, Cäsars Schuhriemen zu lösen. Nein, lieber Freund, Sie werden mich so wiederfinden, wie ich Sie verlassen habe. Denn die Dinge, die sich von weitem so glänzend ausnehmen, sind in der Nähe besehen oft sehr klein. Die Not, die Mutter aller Erfindungen, hat mich gelehrt, verzweifelte Mittel gegen verzweifelte Gefahren zu ersinnen.«

Und an seinen Bruder Heinrich schreibt er:
»Bei allem Ruhm, den wir geerntet haben, sind wir doch nur Bettelhelden. Wir brauchen Geld, und ich will, wenn es sein muß, lieber feindliches Land als meine Untertanen treten. Dauert der Krieg noch lange, so muß ich Straßenraub treiben, um meine Truppen zu bezahlen.«

Genau dies erkennt auch Maria Theresia, wenn sie in einem Brief vom Dezember 1757 über das preußische Heeresersatzwesen schreibt:

»Der König in Preußen raubt fremde Untertanen und zwingt sie, Eid und Pflicht zu brechen, Soldat zu werden und gegen ihre eigenen Landesherren zu streiten. Sein ganzes Militär ist eine solche künstliche Maschine, welche jeden gemeinen Soldaten auch wider Willen nützlich und fechten macht. Alle anderen Mächte werden durch den Krieg und durch öftere Schlachten von Volk entblößt, der König allein hat Mittel erfunden, durch den Krieg seine Truppen zu ergänzen.«

Über die Reaktion der Kaiserin nach der Meldung von Leuthen berichtet ihr Obersthofmeister:

»Die Kaiserin tat nichts als weinen und war fast nicht zu trösten, verfügte sich dennoch gleich in die Kapelle, wo sie unter beständigen Tränen ihr Gebet verrichtete und die übrige Zeit ungeachtet der großen Betrübnis mit den Ministern gearbeitet hat.«

Prinz Karl, der große Verlierer, muß seinem Bruder, dem Kaiser in offenen Worten berichten:
»Die schöne österreichische Armee ist nicht wenig delabrieret, vom langen Feldzug abgerissen, ohne Wäsche, ohne Montur, mit einem Wort in einem so mißlichen und erbarmungswürdigen Zustand, als sie noch niemals gewesen ist, und muß dennoch wegen der Nähe des Feindes ohne Zelte lagern.«

AUSKLANG

Wie konnte Leuthen gelingen? Hierauf sind viele Antworten gegeben worden. Eindeutig ist, daß viele Faktoren zusammentreffen mußten und nicht die Feldherrnkunst eines einzelnen entscheidend gewesen ist. Wer den Verlauf von Friedrichs Kriegen kennt, mag sich erinnern: Fast bei jeder Schlacht hat er angestrebt, den Feind an der Flanke zu packen und seine Formation aufzurollen, nur selten ist es gelungen. Bei Leuthen kam nun tatsächlich alles zusammen.

1.) Die Eignung des Geländes.
2.) Friedrichs Kenntnis des Geländes.
3.) Die Möglichkeit, Bewegungen zu verschleiern.
4.) Friedrichs Entschlossenheit, hier nun alles auf eine Karte zu setzen.
5.) Der Gegner ließ sich täuschen.
6.) Der gegnerische Feldherr war zweitklassig.
7.) Friedrichs Befehle wurden von seinen Generalen prompt befolgt.
8.) Preußische Infanterie, Kavallerie und Artillerie - alle drei Waffengattungen leisteten dieses Mal Außerordentliches.

Ein perfekter Sieg also? Mit dem leichten, unverschuldeten Manko, wegen des frühen Einbruchs der Nacht den Gegner nicht vollkommen »brav« zusammengehauen zu haben? Hat Friedrich zu spät angegriffen und damit eben dieses »Zusammenhauen« verpaßt? Die Zeitgenossen jedenfalls haben den Sieg von Leuthen als vollkommen angesehen.

DAS DORF LEUTHEN

Das Dorf selbst war arg mitgenommen: Im Zentrum, bei der hart umkämpften katholischen Kirche, sah es wüst aus. Der Turm der Kirche war total zerschossen, die Kirchenglocke heruntergefallen, in die starke Mauer, die den Kirchhof umgibt, war die breite Bresche geschlagen, durch die die preußischen Grenadiere eingedrungen waren. Das aufgesprengte Tor hing in den Angeln. Trotz des Kugelhagels, von dem das Dorf eingedeckt wurde, gab es unter den Bewohnern nur einen Toten: der 86-jährige Bauer Stoos wurde von einer Kartätschenkugel zerschmettert. Doch schienen die Dorfbewohner den Zeiten wenig zu trauen, denn im Jahr 1758 fanden in Leuthen nur drei Taufen statt - gegen sechzig in »normalen« Jahren!

Leuthen einhundertfünzig Jahre später:
Wie die beigefügten 1907 aufgenommenen Fotos zeigen, hat die Landwirtschaft das ehemalige Schlachtfeld und Aufmarschgebiet in eine meist baumlose Gegend verwandelt, nur auf den Kuppen sind Baumbestände erhalten geblieben. Die Fotos dokumentieren außerdem sehr deutlich, daß von »Bergen« keine Rede sein konnte, daß aber immerhin diese Hügel und Kuppen Ausblicke und Verstecke boten.
Theodor Rehtwisch berichtet von seinen Recherchen vor Ort:
»...Auf den Feldern von Leuthen zeigt man heute noch (1907) die Stellen der gewaltigen Massengräber, wo Freunde und Feinde zur gemeinsamen Ruhe verscharrt wurden. Nach Menschenaltern noch warf der Pflug des friedlichen Landmannes häufig Gebeine, Münzen, Skapuliere, Kugeln und Kartätschensplitter aus der Erde auf. Einige dieser Reliquien sind in den Sockel der Siegessäule versenkt, die seit dem Jahr 1854 den Schönberg bei Heidau schmückt...«

Leuthen heute:
Leuthen, - von den neuen Besitzern polonisiert -, heißt heute Lutynia. Doch die Kirche, renoviert, steht noch; ebenso stehen noch Reste der Mauer des Kirchhofs, der so heiß und verlustreich umkämpft worden ist. Auch das später errichtete Gedenkkreuz mit der Inschrift »Den Helden der Schlacht von Leuthen gefallen am 5. Dez. MDCCLVII« steht noch. Alle anderen Gedenkstätten sind den Besitzveränderungen von 1945 zum Opfer gefallen.